como VENDER MESMO SEM QUERER

As MELHORES DICAS PROFISSIONAIS
em Formato de Leitura Rápida

1ª Edição

Michael McCarthy

Instrutor: Gerenciamento Estratégico de Vendas
Programa de Extensão para Desenvolvimento Profissional
da Universidade de Harvard

Livraria Insight

Autor:
MICHAEL MCCARTHY

Tradução:
JACIRA S. COLLAÇO

Edição e Coordenação Editorial:
JOÃO ABREU E RODOLFO SANTOS

Projeto Gráfico e Diagramação:
RODRIGO CAIRO

Dados Internacionais de Catalogação na Publicação (CIP)
(eDOC BRASIL, Belo Horizonte/MG)

McCarthy, Michael, 1966-.

M478c Como vender: mesmo sem querer: as melhores dicas profissionais em formato de leitura rápida / Michael McCarthy; organizadores João Abreu, Rodolfo Santos. – Rio de Janeiro, RJ: Livraria Insight, 2022.

168 p. : 14 x 21 cm

Título original: How to Sell: Even When You Don't Want To

ISBN 978-65-992875-1-0

1. Empreendedorismo. 2. Vendas. 3. Sucesso nos negócios. I. Abreu, João. II. Santos, Rodolfo. III. Título.

CDD 658.4

Elaborado por Maurício Amormino Júnior – CRB6/2422

LIVRARIA INSIGHT

Rua das Marrecas, 40 Sala 202
Centro, Rio de Janeiro - RJ
Fone: (21) 3549-6865

www.livrariainsight.com.br

SUMÁRIO

PREFÁCIO

Em 2019, organizei o Primeiro Congresso Carioca de Vendas. Nele, tive a felicidade de reunir algumas das principais referências do tema no Brasil. O evento foi um sucesso, atraindo mais de 500 pessoas para um dia inteiro de programação no pavilhão do Riocentro, mais tradicional Centro de Convenções e Feiras do Rio de Janeiro. Mas eu sentia que ainda faltava algo. Quanto mais elogios e retornos positivos eu recebia, mais me questionava sobre o real alcance da nossa mensagem: "Será que o que nós apresentamos é de fato universal? Ou não passa de algo que funciona apenas na nossa realidade, no nosso mercado, na nossa cultura? O que não foi dito ou apresentado por nós? O que mais poderia ter sido incluído no programa?"

Comecei, então, uma cruzada em busca de pessoas e organizações que pudessem, de alguma forma, ajudar a encontrar respostas para essas questões. Foi aí que encontrei Michael McCarthy, que me foi apresentado como "o cara que está revolucionando as teorias de vendas em *Harvard*". Confesso que tentei um contato com Michael pelo LinkedIn com pouca esperança de obter retorno. Não era só mr McCarthy que eu imaginava ser inacessível; *Harvard* e seus ensinamentos também pareciam estar além do meu alcance.

Felizmente, eu não poderia estar mais equivocado. Para minha grata surpresa, em poucas horas, Michael retornou a minha mensagem de uma forma muito atenciosa. Foi um primeiro contato que eu vi como um prenúncio de muita coisa boa que ainda estaria por vir. Resolvi tomar coragem e ir verificar in loco aquela instituição (a mais respeitada do planeta) e seus conteúdos em tese inacessíveis. Mais duas reversões - bem positivas - de expectativa: *Harvard* se mostrou muito mais acolhedora do que eu poderia imaginar e o conteúdo, tão simples quanto genial, efetivo e comprovado.

Convidei Michael para vir para o Brasil e compartilhar seus conceitos e experiências na segunda edição do Congresso Carioca de Vendas. Ele aceitou prontamente. Contei a ele que estava escrevendo um livro para lançar no congresso - "VAI - Você alcança o impossível" - mas que adiaria meu projeto para furar a fila com a tradução do livro dele, se ele estivesse de acordo. Ele ainda perguntou se não seria viável termos os dois livros, mas entendeu que seria um ou o outro. No fim, ele falou que só teria uma "imposição" para autorizar a publicação do livro em português: "Você vai escrever o prefácio!"

Sendo assim, aqui estou eu, com a missão de apresentar, para quem ainda não conhece, esta obra, que sintetiza os aprendizados e ensinamentos de uma das pessoas mais simples e geniais que eu já conheci. O primeiro, e talvez mais importante, aprendizado é que venda não um pedido ou uma ação invasiva. Venda é um oferecimento, uma resposta à clássica pergunta: "Como eu posso ajudar você?".

A meu ver, a promessa de trazer dicas profissionais, práticas e relevantes em um formato de leitura rápida é totalmente cumprida pelo autor. Já nas primeiras páginas, me senti totalmente envolvido pelo livro, virando as páginas com uma certa ansiedade, em busca de mais e mais conteúdo. Recomendo que você reserve um tempo para fazer cada exercício proposto pelo autor. Assim, será muito mais fácil você incorporar todos os ensinamentos, que não são poucos, à sua prática e passar a "Vender, mesmo sem querer" e, o mais importante, sem sofrer.

Boa leitura e boas vendas!

Rodolfo Santos

SEÇÃO I

VOCÊ

CAPÍTULO 1

Não Gosto de Vender

Declarações como estas descrevem você?

"Vender é ser subserviente."

"Vender é de classe baixa."

"Vender é algo inferior."

"Eu não fiz faculdade para vender."

"Vender é empurrar coisas que ninguém quer."

"Vender é rude."

"Vender é agressivo."

"Vender é desagradável."

"Eu não gosto de vendedores."

"Se eu trabalhar bem o suficiente, não preciso vender."

"Apenas o preço importa... a venda não."

"Tenho vergonha de vender."

"Vendedores têm má reputação."

"Vender não é para mim."

"É incômodo pedir para negociar."

"As pessoas compram de minha empresa... não de mim."

"Não preciso vender porque os clientes me contratam com base na minha inteligência."

Você se identificou com alguma?

Em caso afirmativo, ÓTIMO! Eu também. Eu escrevi este livro para você.

Mais boas notícias.

Ajudarei você a aumentar seus negócios sem vender.

CAPÍTULO 2

Você Gosta de Ajudar Pessoas?

Vender é Ajudar

Ajudar os outros é uma das experiências mais satisfatórias que um ser humano pode ter.

Você se sente melhor consigo mesmo quando é gentil com os outros e oferece sua ajuda? Mesmo que seja apenas um sorriso para alguém que estava precisando de um?

E se...

E se eu lhe oferecer a oportunidade de expandir seus negócios ajudando os outros, para que você não PRECISE vender?

Interessado?

Se ficou, continue lendo. Deixe-me mostrar como você pode ter sucesso ao ajudar.

Ganhamos a vida com o que recebemos,
mas fazemos nossa vida com o que damos.

Winston Churchill

Fazer dinheiro é uma felicidade,
fazer as outras pessoas felizes é uma super felicidade.

Muhammad Yunus, ganhador do Prêmio Nobel da Paz

Dados Científicos

O altruísmo (ajuda) está conectado diretamente ao cérebro e gera prazer. A tecnologia de ressonância magnética funcional fornece evidências de que doar estimula as mesmas partes do cérebro que a comida e o sexo.

Então esqueça "vender"...

Não seremos vendedores, seremos facilitadores, ajudantes. Ajudar fará você mais feliz, fará com que clientes gostem de você e, a propósito, vai ajudá-lo a vender mais.

Você não tem que vender para seus clientes... VOCÊ TEM QUE AJUDÁ-LOS.

Continue lendo...

Um pouco de sabedoria tirada do livro de John Westman, "*Top 10 Best Selling Tips of All Time*"[1]:

É mais provável que os clientes comprem quando sabem que você defende o interesse deles de coração e que colocou a tarefa de ajudá-los à frente das suas preocupações egoístas.

Exercício: Vender é Ajudar!

Faça uma lista de três MANEIRAS que seu produto ou serviço realmente ajudaria as pessoas:

1. ______________________________

2. ______________________________

3. ______________________________

Faça uma lista de três PESSOAS que realmente se beneficiariam com o seu produto ou serviço:

1. ______________________________

2. ______________________________

3. ______________________________

---

1 (N. da T.: Título da edição americana, ainda sem edição no Brasil, significando "As 10 Melhores Dicas de Vendas de Todos os Tempos")

CAPÍTULO 3

As Pessoas Não Se Importam Com o que Você Sabe...

...Até que Elas Saibam que Você se Importa com Elas

Você já foi a uma loja em busca de ajuda e o vendedor o olhou apenas como um aborrecimento?

E ele até o ajudou, mas você ficou ressentido e com tanta raiva por ser tratado assim que decidiu comprar em outro lugar?

Nesse caso, você não se importou com o que ele sabia, porque ele não se importava com você.

E já teve uma experiência oposta?

Quando solicitei minha primeira viagem no aplicativo Uber-POOL, de corrida compartilhada, a motorista também teria uma experiência inédita.

Ela estava tão animada por ser motorista! Eu adorei sua simpatia e entusiasmo.

O problema era que ela não sabia usar muito bem o aplicativo e continuou pegando novos passageiros sem me deixar no destino.

Minha corrida de 15 minutos demorou 2 horas!

Ela se desculpou muito e fez de tudo para melhorar a situação. Ela lutou com o aplicativo, tentou entrar em contato com o suporte ao cliente e até me deu uma barra de proteína e uma garrafa de água!

Embora ela não tenha conseguido me levar ao meu destino rapidamente, conseguiu me mostrar que realmente se importava que eu tivesse uma boa experiência.

Tomei o UberPOOL de novo porque essa motorista realmente se importou comigo.

Comprei no Uber novamente não porque o serviço tinha sido ótimo, mas porque eu acreditava que eles se importavam.

Perguntas Demonstram que Você se Importa.

Você pode demonstrar que se importa fazendo perguntas apropriadas, ouvindo e lembrando as respostas.

Perguntas baseadas em desafios

Faça perguntas para garantir que você de fato entende o desafio deles. Não há problema em continuar fazendo perguntas para entender realmente do que eles precisam. Chegue ao fundo, usando questões detalhadas.

> "Você pode me orientar passo a passo durante o processo?"
>
> "Qual é o primeiro sinal de que há um problema?"
>
> "Quais áreas da empresa são afetadas pelo desafio?"
>
> "Quanto este desafio está custando a você?"
>
> "Quais soluções você já tentou?"

Perguntas baseadas em *feedback*

Depois de entender o desafio, repita-o, e depois solicite ajustes e comentários.

> "Posso repetir o que você me explicou para garantir que compreendi corretamente?"

> "Por favor, interrompa-me se eu estiver entendendo tudo errado."

Os clientes ficarão mais impressionados com o fato de você investir tempo em entender o problema deles do que o fato de você continuar perguntando muito. Pergunte à vontade!

Perguntas baseadas em solução

Depois que o desafio ficou claro para você, faça perguntas para certificar-se que entendeu o tipo de solução que eles procuram.

Recentemente, na Califórnia, fui convidado a ajudar um grupo a tratar a crise dos opioides nos Estados Unidos, com o desafio de reduzir em 70% os custos, que vão de US$ 20.000 a US$ 50.000 por tratamento. Aqui estão algumas perguntas baseadas em solução que fiz a eles:

> "A solução precisa ser coberta pelo seguro?"

> "Os clientes estariam dispostos a aceitar um programa de recuperação *online*?"

> "A maioria dos clientes tem acesso à Internet?"

> "Um programa de recuperação *online* seria coberto pelo seguro?"

"Vocês permaneceriam em conformidade com as leis de privacidade do paciente usando um programa de recuperação *online*?"

"Vocês acham que os clientes preferem a recuperação *online* ou presencial?"

"A recuperação *online* adicionaria uma camada de privacidade que o cliente poderia preferir?"

Lembre-se que estas são perguntas baseadas em soluções focadas em ajudar os clientes, da FORMA que eles querem. Aqui vão algumas perguntas genéricas baseadas em solução que você pode modificar ao seu gosto:

"A solução precisa estar dentro de um limite de orçamento?"

"Existe um prazo para a solução ser implementada?"

"Quem na empresa precisa aprovar a solução?"

"Devemos incluir os tomadores de decisão nesta etapa da discussão?"

"Como você enxerga o sucesso?"

"A equipe ou seus clientes precisam fazer parte desta fase do processo?"

"Quais são as partes 'obrigatórias' / 'inegociáveis' desta solução às quais precisamos estar atentos?"

Sinta-se à vontade para formular suas próprias perguntas que atendam às suas necessidades. Lembre-se,

SEJA ESPECÍFICO

REALMENTE COMPREENDA O DESAFIO DO SEU CLIENTE

REALMENTE SE IMPORTE COM A SOLUÇÃO DO SEU CLIENTE

Estes tipos de perguntas mostram que você se interessa.

Certifique-se de parafrasear o que o cliente disse para que ele saiba que você ouviu as respostas dele.

OU

Proponha uma próxima etapa e assegure-se que ele concorde que a próxima etapa funcionará (e mostre implicitamente que você entendeu o que ele disse).

Quando o cliente souber que você se importa, ele se preocupará com o que você sabe.

CAPÍTULO 4

Como Ser de Grande Valor

As Três Alavancas de Valor

Você não está vendendo. Você está ajudando. Ajudar agrega valor para o seu cliente. Existem três maneiras distintas para que ele veja o valor que você agrega. Se você tiver certeza de que está fazendo isso, é provável que seu cliente também terá.

Alavanca de Valor 1: Aumento da Receita

O aumento da receita é bastante óbvio. A ajuda que você fornece aumenta as vendas para o cliente. Você pode ajudar seu cliente a vender mais, talvez incentivá-lo a aumentar preços ou adicionar novos produtos.

Descobri que meus clientes de consultoria vinculam seus preços à autoestima. Não é uma boa ideia. Admito, fiz o mesmo pelos meus próprios negócios.

> Alguns anos atrás, ministrei oficinas sobre falar em público em *Boston* de graça e muito poucas pessoas vieram. Por quê? Porque não estipulei um preço alto sobre (o tema) falar em público e isso não fez a audiência valorizá-lo como algo digno de seu tempo.
>
> *Jack Canfield*, autor da série "Canja de Galinha Para A Alma", disse-me: "No ramo de falar em público, conselhos grátis são inúteis, e, se as pessoas não pagam muito, não prestam muita atenção."
>
> Eu levei esse conselho a sério e, como ninguém estava aparecendo, aumentei meu preço para US$ 20. Mais algumas pessoas apareceram. Eu subi novamente, desta vez para US$ 150. Ainda mais pessoas apareceram. Então aconteceu uma espécie de mágica...

> Fui jantar uma noite com meu amigo *Peter Zimmer*, da IBM, e ele disse: "Tivemos um veterano aqui na IBM que disse: 'se o cliente não estiver reclamando do seu preço, você não está cobrando o suficiente."
>
> Eu apostei com Peter, dizendo que dobraria meus preços para US$ 300 e, se viessem mais pessoas, eu pagaria um jantar para ele. Depois de postar minha oferta no site *Eventbrite.com*, vendi meu primeiro lugar em 10 minutos e tive meu primeiro *workshop* esgotado e com lista de espera."

Dois amigos me ajudaram a aumentar exponencialmente minha receita com alguns conselhos sólidos... aumente seus preços... e muito. Este é o tipo de conselho valioso que você também pode fornecer aos seus clientes.

Alavanca de Valor 2: Reduzindo Custos

A maioria das pessoas pensa que ajudar envolve sempre fazer mais. Fazer menos ou abandonar algo pode diminuir seus custos e incrementar sua receita. Assegure-se também que, ao NÃO FAZER algo, é possível agregar valor.

> Logo antes de me mudar de *Boston* para *Brookline*, *Massachusetts*, vendi meu carro e fiquei ocupado demais com minha mudança para comprar um novo. Decidi que, quando me instalasse em minha nova casa, compraria um. Ao chegar em *Brookline*, um novo vizinho me disse que eu não teria permissão para estacionar na rua durante a noite. Isso me fez dar uma pausa. Decidi usar o transporte público e alugar um carro, caso eu precisasse de um. Se a despesa com o aluguel excedesse o custo de possuir um carro, eu compraria um.
>
> Nos últimos 2 anos, aluguei um carro uma vez, descobri as alegrias do Uber, apaixonei-me pelo sistema público de transporte de *Boston*, não peguei um engarrafamento e li muitos livros maravilhosos enquanto alguém dirigia para mim. Economizei milhares de dólares em custos de transporte e ganhei uma grande paz de espírito. *Boston* é notória por ser uma cidade de motoristas hostis... uma reputação merecida.

Além de diminuir meus custos, não ter carro me deixou mais calmo. Não sinto falta de procurar por uma vaga de estacionamento ou usar uma pá de neve.

Você pode oferecer o mesmo tipo de ajuda ao seu cliente ao reduzir custos. Tenha em mente que reduzir custos pode significar deixar de fazer algo.

Alavanca de Valor 3: Aumentando a Qualidade de Vida

Qualidade de vida inclui fatores como economizar o tempo do cliente, reduzir o estresse dele ou aumentar sua alegria. Qualidade de vida é frequentemente um benefício emocional... e isto tem valor.

Marc Margulies, da *Margulies Perruzzi Architects*, me contratou para ajudar sua equipe a ganhar mais projetos de construção, aprimorando seu discurso de vendas. O que eu sei sobre arquitetura? Basicamente nada.

Então, como ajudei a MPA a ganhar alguns projetos multimilionários? Eu os acalmei e reduzi o medo deles em usar argumentos de venda.

Mudei a mentalidade deles de "arquiteto que se tornou um vendedor relutante" para "arquiteto ajudando um cliente a criar o que ele precisar."

Era simples assim.

Eu os fiz reformular a 'venda' para uma 'ajuda' e isso reduziu o medo e a resistência deles em fazer apresentações para clientes."

Lembre-se, a melhoria da qualidade de vida que você pode trazer para um cliente é muito provavelmente emocional, com um preço difícil de quantificar. Como você colocaria um preço por aumentar a confiança e o entusiasmo ou reduzir o medo?

Qualidade de vida é um valor real para o destinatário. Esteja atento à qualidade de vida que sua ajuda fornece, deixando seu cliente saber que isso faz parte do serviço e do valor que você traz para a negociação.

CAPÍTULO 5

O que Eu Ganho com Isso?

Este "Eu" é o seu Cliente

Você está mais interessado em si mesmo e no que está fazendo ou nas outras pessoas e no que elas estão fazendo? A maioria das pessoas está mais interessada nelas mesmas e no que está acontecendo em suas vidas.

E você percebeu que gosta mais das pessoas quando elas têm interesse por você?

Seus clientes são iguais. "O que eu ganho com isso?" realmente significa:

"O que ***o seu cliente*** *ganha?"*

Mantenha o foco no seu cliente, suas necessidades e desejos.

Agora você está no ramo de facilitar, ajudar. A melhor maneira de ajudar as pessoas é perguntar como elas estão.

> Do que eles precisam?
>
> Como você pode ajudá-las?

Você pode ajudar bastante sem que seu cliente saiba muito de você.

> Você pode perguntar como foi o fim de semana dele, ouvir atentamente sem compartilhar como foi o seu, e ele pode sequer perceber que a conversa foi unilateral.

Isso está OK! Ele se sentirá valorizado, importante e ouvido.

EU GANHO em Ação

Eu estava co-instruindo um curso de *Harvard* sobre empreendedorismo e inovação e queria convidar um orador para falar aos alunos sobre *bootstrapping* (criar um empreendimento somente com recursos próprios).

> *Jack Canfield* teria sido ótimo. No entanto, o autor de "Canja de Galinha Para A Alma" cobra cerca de
>
> US$ 35.000 por palestra.
>
> *Patty Aubrey* é presidente do Grupo *Jack Canfield* e é, em grande parte, responsável por seu sucesso. E *Patty* fica normalmente nos bastidores.
>
> Então, adivinhe quem eu convidei para falar em *Harvard*? *Patty Aubrey*. Por quê? Porque *Patty* provavelmente não fica muito sob os holofotes e, se um convite fosse direcionado para ela e não para Jack, ela provavelmente ficaria empolgada.
>
> Ela ficou empolgada e disse "SIM!"
>
> Dei a *Patty* o reconhecimento que ela merecia, mas que não vinha recebendo de outras pessoas. Dei a ela o que queria (reconhecimento) e eu consegui o que queria (uma ótima palestrante para os nossos alunos).

Basta pensar no que seu cliente realmente deseja e precisa. Ajude-o a obter isso e ele geralmente ficará bem por você conseguir o que deseja.

Um pouco da sabedoria EU GANHO de John Westman em seu livro "*Top 10 Best Selling Tips of All Time*" resume bem:

EU GANHO = O que EU GANHO com isso.
Este "Eu" é o seu cliente!

Coloque-se no lugar dele.

Finja que você é o cliente. Pense em como você (seu cliente) gostaria de ser abordado pelo vendedor que representa o seu produto ou serviço.

Considere seu tipo de personalidade e preferências sobre como gostaria que o vendedor interagisse com você, com que frequência e de que maneira.

Esta dica de vendas clássica o lembrará de ficar "sintonizado" constantemente com EU GANHO. Sempre mostre ao seu cliente o que ele ganhará.

Exercício: EU GANHO

1. O que você quer que o vendedor diga ou faça para você? Liste 5 ideias.

2. Depois do vendedor dizer ou fazer essas coisas, como sua vida profissional melhorou e como você se sentiu? Liste 5 ideias.

CAPÍTULO 6

Fórmula de Sucesso

Exercitando o seu PENSE

Dale Carnegie é uma lenda em vendas, psicologia e saber como os seres humanos funcionam. Anos atrás, Carnegie compartilhou uma fórmula de sucesso que é simples e que resistiu ao teste do tempo. Aqui está ela:

Sucesso = **P**ersistência + **EN**tusiasmo + **SE**nso comum (PENSE)

Provavelmente você já viu essa fórmula de outras formas. Eu gosto dela porque é muito simples.

Entusiasmo apaixonado, apoiado no senso comum e na persistência é a qualidade que mais frequentemente contribui para o sucesso.

Dale Carnegie

Em 1994, aos 26 anos, tornei-me o *timer* (monitor) nº 1 do mercado de ações nos Estados Unidos. Mantive esse título por todos os anos até me aposentar em 2006, com 36 anos. Continue a ler e veja como consegui isso usando essa mesma fórmula de sucesso.

Persistência

Meu sonho de infância era ser um famoso gestor de finanças de Wall Street. Cresci em Maryland e me mudei para Nova York aos 18 anos. Frequentei a Universidade de Nova York porque era a universidade mais próxima de Wall Street.

Consegui um emprego na sala de impressão da Shearson Lehman Brothers em setembro de 1984 e (ainda adolescente) legitimamente "trabalhei em Wall Street".

Continuei trocando de emprego em Wall Street, trabalhando para mais e mais pessoas de sucesso que se tornaram meus mentores. Aos 24 anos, consegui um emprego como pesquisador e *trader* (operador de curto prazo) com Gerald Appel, criador do MACD e Market Timing. No fim, Jerry se tornou meu mentor e me ensinou como iniciar minha própria empresa de administração de finanças.

Entusiasmo

Trabalhei de 8 a 12 horas por dia. Comi, bebi e dormi com o sonho de ser um famoso gerente de finanças. Trabalhei com entusiasmo no meio da noite e nos fins de semana. Meu entusiasmo era contagiante. Meus mentores gostavam da minha sede e me ajudavam ainda mais. Nunca me ocorreu que eu os estivesse inspirando também.

Senso comum

Ao monitorar o mercado, meu trabalho era liquidar as ações dos meus clientes antes de grandes quedas. É isso que faz um *timer*. Usando fórmulas matemáticas que criei sob a orientação de Gerald Appel, fui capaz de detectar com precisão quando o risco era alto demais no mercado.

Pelo senso comum, então, fazia sentido que alguém me contratasse para monitorar suas economias e protegê-las de um declínio do mercado. Em cinco anos, eu estava gerenciando mais de US$ 100 milhões porque meus negócios faziam sentido e correspondiam à expectativa dos meus clientes, evitando para eles todas as grandes perdas de 1994 a 2004.

Sucesso em Poucas Palavras

Usei essa fórmula e ela funcionou para mim. E funcionará para você também. Também o encorajo a encontrar um mentor para ajudá-lo a acelerar o processo. Existem muito poucas ideias originais no mundo e não há necessidade de reinventar a roda.

Mantenha as coisas simples.

Exercício

Observe pessoas e empresas de sucesso. Veja como a fórmula PENSE está funcionando em seus empreendimentos. Acima de tudo, observe as ideias de senso comum com que elas estão lucrando.

CAPÍTULO 7

As Pessoas Compram se Gostam de Você

SINOLI: Seis Etapas para Fazer as Pessoas Gostarem de Você

Você já comprou de uma pessoa que não era muito boa em seu trabalho, mas era tão simpática que você acabou ajudando-a a fazer a venda?

Na movimentada Boylston Street, na área de Back Bay, em *Boston*, existem organizações sem fins lucrativos tentando arrecadar dinheiro todos os dias. Eles ficam na calçada, usam coletes coloridos, esticam os braços seis metros antes de você se aproximar deles e o tratam como um amigo perdido há muito tempo, retornando depois de anos de separação.

Na maioria das vezes, essas pessoas bem-intencionadas não me chamam muito a atenção, mas às vezes há um angariador de fundos que parece inofensivo, gentil e um pouco embaraçado, e paro para conversar para encorajá-lo.

Não compro dele, mas dou um treinamento de vendas gratuito, o que pode resultar numa venda posterior.

Por que faço isso para algumas pessoas e não para outras? Porque gostei delas. Só isso. Ajudo e compro de pessoas de quem gosto. É o que a maioria das pessoas faz.

Como se faz para as pessoas gostarem de você?

Agora que sabemos que pessoas agradáveis vendem mais, como aplicamos tal conhecimento quando estamos tentando vender ao ajudar? É simples: é uma fórmula.

Siga as etapas deste capítulo e você ficará bem.

A fórmula é o trabalho destilado e resumido do livro clássico de *Dale Carnegie*, "*Como Fazer Amigos e Influenciar Pessoas.*"

> Como funciona: a maioria das pessoas está mais interessada em si e na vida delas do que na sua. Simples assim. O SINOLI é baseado neste princípio. Simplesmente siga as seis etapas da fórmula abaixo e veja a mágica se revelar!

Sorria

As pessoas adoram sorrisos! Seja compreensivo com as que não o fazem e dê a elas o seu.

Interesse-se

Tenha um interesse genuíno pelo outro. Cultive essa mentalidade antes de falar.

Nome

Diga o nome da pessoa com frequência. É o som mais doce e mais importante para elas. Mas evite exagerar, por favor!

Outro

Debata e pergunte sobre os interesses da outra pessoa antes de perguntar o que você deseja.

Lembre-se de ouvir

Ouça o dobro do que fala. Lembre-se, você tem dois ouvidos, mas apenas uma boca por uma boa razão!

Importante

Faça a outra pessoa se sentir importante e seja sincero! Concentre-se nela. Faça o SINOLI com atenção para que a conversa siga um fluxo natural.

A experiência SINOLI no MIT (Instituto de Tecnologia de Massachussetts)

> Estou na equipe de vela do MIT há alguns anos e treinamos em um barco de 43 pés chamado X-Dimension. É um navio de ensino, no qual levamos a bordo estudantes e afiliados com graus diversos de habilidades náuticas, o que significa que você pode conhecer muitas pessoas novas.
>
> Decidi experimentar o SINOLI com um novo marinheiro. Meu plano foi o seguinte: conversarei apenas com base no método SINOLI até que a outra pessoa pare o experimento ou pergunte sobre mim.
>
> O marinheiro era um candidato a doutorado que retornara recentemente a *Massachusetts* depois de viver em Cingapura por alguns anos.
>
> Perguntei sobre as experiências dele, busquei nas respostas o material para me ajudar a construir as perguntas seguintes. Então fiz a próxima pergunta e repeti o processo. Só isso.
>
> RESULTADOS? Conversamos por 3 horas! Eu aprendi que em Cingapura pessoas solteiras não podem comprar imóveis, porque isso diminui as posses da família. Você também não pode mascar chiclete porque suja a calçada. Ele não me fez uma única pergunta. Ele não sabe meu nome. Ele não sabe coisa alguma sobre mim.
>
> A GRANDE SURPRESA: Depois de atracar, o capitão, meu amigo Adam, veio até mim e disse: "Aquele cara de Cingapura adorou você! Ele disse que você foi o cara mais legal que ele já conheceu no MIT. "Que choque. Esse cara gosta de mim e não sabe nada sobre mim. Eu repliquei esse experimento várias vezes com os mesmos resultados.

Apenas se concentre neles e eles adorarão você. Não há necessidade de falar de si mesmo. Você pode estar no programa de proteção a testemunhas e ainda ser um ótimo vendedor!

Exercícios SINOLI

Experimente o SINOLI sozinho em conversas curtas. Gosto de me concentrar nas "pessoas invisíveis" de nossas vidas, que gostariam da atenção e dos bons sentimentos que o SINOLI traz. Chamo deste modo as pessoas que vemos o tempo todo, mas raramente podemos conhecer. Dê uma olhada na lista abaixo e ajuste-a de acordo com a sua vida e suas situações de trabalho.

Exercício: Onde e com quem praticar o SINOLI

Escolha 5 de sua preferência:

1. Seu barista da Starbucks

2. O caixa da loja de conveniência

3. Recepcionistas

4. A babá de seu/sua filho/a

5. O motorista do Uber

6. Seu porteiro

7. Guardas de segurança

Faça uma rodada de SINOLI com cada uma delas. Transforme em um jogo. À medida que se sentir mais confortável, faça duas a três rodadas de SINOLI com cada pessoa e veja como elas respondem a você. É divertido!

CAPÍTULO 8

Clientes só Comprarão se Confiarem em Você

Construindo sua Confiabilidade com uma Equação

Já comprou algo sem ter certeza, mas alguém em quem confiava disse para comprar e você o fez sem hesitar? Eu já. Por que fizemos isso? Confiança naquela pessoa.

Compramos de quem confiamos e não compramos de quem não confiamos.

Quantas vezes você recebeu ofertas incrivelmente generosas (como férias grátis ou milhões de dólares) e excluiu o *e-mail*, desligou o telefone ou perguntou "Qual é a *pegadinha*?"

Você não confiou nessas ofertas. Os negociantes nem puderam dar algo de graça sem você suspeitar. Por quê? Mais uma vez... falta de confiança.

Como você demonstra que é confiável para pessoas que talvez não conheça muito bem? Como ajudante ou facilitador (não vendedor), você precisa que as pessoas confiem em você antes que elas aceitem sua ajuda.

Vejamos a anatomia da confiabilidade, conforme explicado por Robert Kegan, da Escola de Liderança Criativa (*School of Creative Leadership*).

A Equação de Confiabilidade

A confiabilidade é composta de quatro variáveis e do relacionamento entre elas.

Credibilidade

Você, como ajudante/facilitador, tem os conhecimentos e/ ou experiência relevantes para ajudar o seu cliente? Você tem uma boa perspectiva de como ajudar? Tem boas habilidades analíticas de resolução de problemas?

Solidez

Você comparece? Cumpre prazos? É consistente e confiável? Corresponde às expectativas da função?

Intimidade

Você pode mudar facilmente do tom profissional para o pessoal e vice-versa? É capaz de falar sobre assuntos difíceis? Pode dar uma resposta negativa de maneira que não provoque os mecanismos de defesa do outro? Você é empático?

Auto-orientação

Este é o seu ego. Qual é o seu histórico? O quanto de foco está em você ou nos seus interesses? É "tudo sobre você" (conseguir a venda ou serviço) ou "tudo sobre eles" (ajudando o cliente a obter o que deseja)?

Observe como se divide a auto-orientação e as outras variáveis.

Fonte: David Maister, Charles H. Green e Robert Galford em The Trusted Advisor (2000).

Como Calcular Usando a Equação de Confiabilidade

Simplesmente dê uma nota de 0 a 100 para cada variável.

Credibilidade, solidez e intimidade recebem zero se a pessoa não tem absolutamente nenhum traço dessas habilidades. Dê à pessoa 100 se ela for um exemplo clássico destas características.

A auto-orientação receberá zero se a pessoa for do tipo "TUDO SOBRE VOCÊ"! Ela terá 100 se for "TUDO SOBRE ELES".

1º Exemplo de Cálculo: O incrível (e egoísta) vendedor

No ano passado, fui a um *workshop* chamado A Mente Milionária ("*The Millionaire Mind*"). Gosto de ver o trabalho de outras pessoas sobre o tema de falar em público e fiquei curioso em descobrir como elas me venderiam um seminário mais caro (um *upsell*). Meu ingresso custava alguns dólares e o do meu amigo era grátis. Achei que o seminário seria um daqueles feitos para se gastar dinheiro (um líder de perdas), no qual se espera vender ao público cativo mais produtos. Eu queria observar suas técnicas de vendas.

O seminário foi vagamente relacionado a Tony Robbins. Esqueci o nome do facilitador (você verá por que em breve), então vamos chamá-lo de Chuck.

Chuck era cheio de energia, deu algumas informações bastante úteis que eu de fato poderia usar para melhorar minha vida, mas entrou num frenesi de *hard selling* (foco intenso somente na venda) tão agressivo que saí da sala várias vezes naquele fim de semana, muito bravo com a intimidação dele.

$$\text{CONFIABILIDADE} = \frac{\text{CREDIBILIDADE} + \text{SOLIDEZ} + \text{INTIMIDADE}}{\text{AUTO-ORIENTAÇÃO}}$$

Aqui vai a contagem dos pontos de Chuck:

> Credibilidade: 80. Chuck sabia do que estava falando. Suas afirmações eram corretas. Eu teria dado uma nota mais alta a Chuck se o conteúdo dele fosse original, cm vez de aprendê-lo em um programa de treinamento. No entanto, suas informações estavam corretas.
>
> Solidez: 100. Chuck iniciou e terminou o *workshop* na hora certa, nos deu itens grátis como prometera e nos desafiou como prometera. Pontuação perfeita.
>
> Intimidade: 60. Chuck era divertido, mas também um pouco áspero e às vezes gritava e insultava pessoas da plateia.
>
> Auto-orientação: 100. Chuck foi claro sobre uma coisa: nós fechamos um negócio pagando por este seminário, e ele vai nos vender mais um produto para que ele feche um negócio para si mesmo. Chuck recebeu um A+ pela honestidade. No entanto, ficou bem claro que Chuck se importava com Chuck. Ele poderia ser como quisesse se me ajudasse ou melhorasse minha vida. Mas só queria meu cartão de crédito. A cereja no bolo da experiência aconteceu durante os intervalos, quando me ignorou no corredor. Sem contato visual, sem sorriso, sem "olá". Nada.

Vejamos o cálculo da confiabilidade de Chuck:

$$\text{CONFIABILIDADE} = \frac{\text{CREDIBILIDADE (80)} + \text{SOLIDEZ (100)} + \text{INTIMIDADE (60)}}{\text{AUTO-ORIENTAÇÃO (100)}}$$

Pontuação de Chuck na equação = 2,4.

Isso é muito ruim. Deixe-me mostrar como se consegue uma boa pontuação.

Vamos supor que Chuck tenha mudado e que agora ele realmente se importe com o público. Ele ainda precisa vender mais seminários para mim, mas ele realmente tem interesse que o seminário atual tenha valor para mim.

Digamos que Chuck esteja participando do seminário 25% por seu interesse, fazendo dinheiro para si, e 75% porque ele realmente queira melhorar a vida das pessoas. A pontuação de auto-orientação de Chuck agora cai para 25.

A maneira mais fácil de calcular os pontos da auto-orientação é responder a esta pergunta: "Qual porcentagem de sua motivação significa 'tudo sobre eles'?"

O novo Chuck é composto de 25% "tudo sobre eles" e 75% de "tudo sobre você".

Eis o cálculo para o novo Chuck:

$$\text{CONFIABILIDADE} = \frac{\text{CREDIBILIDADE (80)} + \text{SOLIDEZ (100)} + \text{INTIMIDADE (60)}}{\text{AUTO-ORIENTAÇÃO (25)}}$$

A pontuação do novo Chuck = 9,6

Excelente! A pontuação do novo Chuck quase quadruplicou por uma coisa: ele se preocupa mais com os clientes e as necessidades deles do que com as suas.

As pessoas percebem. E elas confiam mais em você se você se importa com elas.

Madre Teresa pode ter uma pontuação tendendo ao INFINITO se sua auto-orientação for zero.

2º Exemplo de Cálculo:
O incrível Adam... mas algo não está certo

Um de nossos principais capitães da equipe de vela do MIT é Adam. Ele é tão brilhante quanto carismático. E é um cara genuinamente legal.

Um dia, Adam e eu estávamos velejando e começamos a fazer um *brainstorm* para criar um programa de treinamento de liderança usando veleiros. Passamos cerca de um ano aperfeiçoando o programa, fazendo testes e ele funcionou!

Um sucesso total. Ficamos extasiados! Adam tinha todos os contatos no MIT e fomos contratados pela *Sloan School of Business* do MIT para dispor nosso programa como parte do programa de gerenciamento avançado deles. Esta foi uma oferta de alto valor do *Executive Education* do MIT, que oferece 30 dias de instrução pelo valor de US$ 60 mil. Nosso trabalho era atrair os principais líderes do mundo pelo nosso programa, que durava metade de um dia.

Tudo foi ótimo até Adam receber um convite incrível para trabalhar na Raytheon. De repente, Adam estava muito ocupado para retornar meus *e-mails* e mensagens de texto em tempo hábil. Também não podia ir a reuniões durante o dia, meu único horário disponível.

No nosso segundo ano de atividades, Adam cancelou sua participação a bordo do programa de gerenciamento porque sairia do país.

Adam foi ótimo. Mas ausente. Vamos dar uma olhada no "antes e depois" na equação de confiança de Adam.

Por causa deste cálculo, decidi fechar nossa empresa *Leadership Sailing LLC.*, com segurança na minha decisão. Veja isto:

Adam antes de Raytheon:

$$\textbf{CONFIABILIDADE} = \frac{\text{CREDIBILIDADE (100)} + \text{SOLIDEZ (100)} + \text{INTIMIDADE (100)}}{\text{AUTO-ORIENTAÇÃO (20)}}$$

Pontuação de Adam na equação = 15.

Uau! Dei a Adam notas perfeitas em credibilidade, solidez e intimidade. Com os 20% da auto-orientação de Adam dirigidos para si mesmo e 80% para os participantes do programa, estes obtinham uma ótima experiência.

Mas veja o que aconteceu com o cálculo quando Adam conseguiu o emprego na Raytheon:

$$\textbf{CONFIABILIDADE} = \frac{\text{CREDIBILIDADE (100)} + \text{SOLIDEZ (5)} + \text{INTIMIDADE (100)}}{\text{AUTO-ORIENTAÇÃO (20)}}$$

A pontuação de Adam após Raytheon = 10,25.

Grande queda! Por quê? Os pontos de solidez de Adam quase zeraram. Por quê? Eu nunca sabia quando ele falaria comigo. Textos e *e-mails* ficaram sem resposta. Às vezes, ele respondia imediatamente. Às vezes, só respondia partes que queria e ignorava as outras. Nunca mais foi às reuniões. Depois, cancelou sua participação como facilitador em nosso grande evento! Simplesmente nunca se sabia se ele daria as caras.

Na realidade, meu parceiro tornou-se uma pessoa não confiável (ainda um ótimo cara, de quem gosto e admiro). Fiquei com raiva e ressentido por ter sido abandonado, tendo que administrar a empresa sozinho.

Com uma queda tão expressiva no cálculo da confiabilidade, fechei a empresa.

Sem a equação, eu ainda estaria dando desculpas a Adam e esperando que as coisas mudassem.

Como Construir Confiabilidade com uma Equação

Os exercícios abaixo o ajudarão a construir sua confiabilidade para os outros. Primeiro, dê notas a si mesmo. E seja honesto. O que você precisa desenvolver e melhorar?

E aqui vem a parte difícil: peça aos seus clientes, amigos e colegas para avaliar você.

Sua pontuação pode motivá-lo a ser mais constante, retornar aqueles *e-mails* atrasados, ser pontual ou frequentar um curso para se aprimorar no seu ofício.

E o maior benefício? O cálculo da confiabilidade pode fazer você pensar mais nas necessidades do seu cliente do que nas suas. É algo muito importante, que o fará ganhar mais dinheiro ao se interessar mais por seus clientes.

Se você cuidar do seu cliente, ele cuidará de você!

Exercício: Qual é a sua nota de confiabilidade?

Tente fazer o cálculo sob diferentes perspectivas. Considere enviar um *e-mail* para amigos e colegas para manter o anonimato.

Exercíco: Cálculo de Confiabilidade

Faça o cálculo de confiabilidade em você, em relação aos seus amigos, colegas e clientes.

Peça aos colegas para avaliar você. Peça a até 5 pessoas para fazerem o mesmo, anonimamente. Peça um retorno honesto e observe.

Faça o cálculo da confiabilidade dos seus amigos

Faça o cálculo da confiabilidade dos seus colegas

Faça o cálculo da confiabilidade dos seus clientes

CUIDADO! Este exercício pode atingir alguns pontos sensíveis. Pode ser difícil perceber que alguém próximo não é tão confiável quanto você pensava. E pode também ser difícil constatar que seus colegas não o veem do jeito brilhante que você gostaria.

Esta é a sua oportunidade de mudar e se aperfeiçoar. Veja a sinceridade deles como um presente!

CAPÍTULO 9

Por Que Comprar de Mim Agora?

Como se Tornar Especial

Somos todos especiais e nossos clientes precisam saber o que nos diferencia da concorrência. Praticamente todas as empresas, produzindo algo ou prestando um serviço, têm um concorrente.

O que faz a diferença ao escolher a empresa A ou a empresa B?

Por que um cliente deve comprar de você agora?

Proposição de Valor Único (UVP)

A UVP (do inglês "*Unique Value Proposition*") é o que diferencia você da concorrência e estabelece porque os clientes o escolhem na hora da compra.

Uma UVP pode ser muito sutil, mas determina se um cliente comprará de você ou de outra pessoa.

> Eu moro em *Brookline, Massachusetts*, e existem dois estúdios de ioga próximos: *Coolidge Corner Yoga* e o *Down Under Yoga*. O primeiro é um lugar super amigável, fica a 10 minutos a pé da minha casa e custa US$ 99 por mês. Já o *Down Under Yoga* é um pouco esnobe, fica a 25 minutos da minha casa e custa US$ 130 por mês.
>
> O *Coolidge Corner Yoga* possui três UVPs claras: atendimento ao cliente, proximidade e custo.
>
> Então por que eu gastaria mais tempo e dinheiro com o *Down Under Yoga*? Porque os professores são melhores. Lá, sinto também uma atmosfera mais profissional, enquanto no *Coolidge Corner Yoga* o estilo de ensino é "casual demais".
>
> Esta UVP, qualidade de ensino, superou os outros três fatores para mim.

Vamos Descobrir Sua Proposição de Valor Único

Responda às três perguntas a seguir da melhor maneira possível. Depois, peça a cinco colegas para fazerem o mesmo, sendo sinceros e específicos.

Que benefício você oferece aos clientes?

Pense nisso. Por que você? Seu cliente tem que escolher alguém... Por que você em particular? Por que você é uma boa escolha? Permita que sua mente divague e se envolva pelo tema. Escreva algumas palavras e deixe a criatividade fluir.

Quando fiz esse exercício em relação ao meu próprio negócio de consultoria, muitas palavras apareceram, mas a que realmente se destacou foi "honestidade". Vou contar ao cliente uma verdade dura. É preciso coragem para dar más notícias a quem está pagando pelo seu trabalho, mas os negócios deles não melhorarão a não ser que eles de fato atuem sobre as áreas que precisam de correção... e às vezes isso significa ouvir notícias desagradáveis.

Como você resolve as necessidades de seus clientes?

Qual é o seu estilo? Novamente, dedique algum tempo para pensar sobre isso. Você tem um método. Qual é? E qual é o seu processo?

Quando fiz esse exercício, no fim terminei com as palavras "quebra-cabeça" e "jogo". Quando os clientes me procuram, não vejo seus problemas como problemas, mas como quebra-cabeças divertidos a serem resolvidos, porque sei que eles ficarão felizes quando eu elaborar uma solução de que eles gostem. Transformei minhas sessões de *coaching* em uma espécie de jogo e os clientes se divertiram!

O que o distingue da concorrência?

Você não é uma réplica exata de sua concorrência. Em que você é diferente?

No meu caso, sou um dos poucos consultores que administrou seis empresas pessoalmente antes de se tornar consultor. Analiso todas as minhas recomendações através de um ciclo rápido de: É uma boa ideia? Será que isso realmente funciona? Podemos pagar? A equipe do escritório gostará? Alguém será ameaçado por isso? Podemos fazê-lo gratuitamente de alguma forma? Melhor ainda, podemos ganhar dinheiro ao longo do processo?

O que me distingue dos concorrentes? Dou recomendações realistas que realmente funcionarão.

EXERCÍCIO: Abaixo está uma enquete que eu encorajo você a dar aos seus clientes. Eles são a melhor fonte de informações precisas para você descobrir sua real proposição de valor único.

Exercício: Enquete com seus cinco melhores clientes. Pergunte a eles:

1. Que benefício eu ofereço a você?

2. Como eu resolvo suas necessidades?

3. O que me distingue da concorrência?

Quando você conhece sua UVP, ganha clareza. E não se surpreenda se suas respostas não forem iguais às dos seus clientes, pois geralmente não serão. Quando fiz a enquete, todos os meus clientes disseram que minha UVP era ser um ótimo ouvinte. Levei um choque. Falo demais e ouvi isso a vida toda. Escuto ativamente e faço perguntas porque falo muito. Ouvir de um cliente que sou um bom ouvinte foi uma surpresa. Não tenha vergonha de fazer enquetes com seus clientes. É outra maneira de atendê-los melhor.

CAPÍTULO 10

Descobrindo o seu Diferencial Competitivo

Seu Cliente já Sabe a Resposta

Há uma grande diferença entre uma VANTAGEM competitiva e um DIFERENCIAL competitivo. A primeira é algo que você faz melhor do que a concorrência, como ter melhor tecnologia ou operações internas mais eficientes. Isso ajuda seus clientes no final, mas eles não VEEM. Isso ainda é só uma VANTAGEM, pois eles não a percebem.

Um DIFERENCIAL competitivo é uma VANTAGEM que o cliente VÊ e RECONHECE.

De Quem Você Compra os seus Doces?

Johnny tem 8 anos e, uma vez por semana, pega sua mesada e vai à loja de doces. Um dia, *Johnny* foi com sua amiga *Alice*. Eis o que aconteceu:

> *Johnny* e *Alice* entraram na loja de doces de *Emmet* e ficaram na fila como as outras crianças. *Johnny* disse: "Ok, *Alice*, há duas senhoras, a Sra. *Jones* e a Sra. *McGregor*. Vá na fila da Sra. *Jones*, com os cabelos castanhos, porque ela lhe dará muito mais doces do que a Sra. *McGregor*... que vai lhe dar menos."
>
> Mal sabiam as crianças que o Sr. *Emmet*, o dono da loja, ouviu a conversa e ficou preocupado com o fato de a Sra. *Jones*, de cabelos castanhos, dar doces de graça. Então, ele começou a prestar atenção no que estava acontecendo.

> A fila da Sra. *Jones* era realmente mais longa do que a da Sra. *McGregor*! O Sr. *Emmet* começou a olhar para a balança e notou que a Sra. *Jones* e *McGregor* estavam dando exatamente a mesma quantidade de doces. Mas por que as crianças preferiam a Sra. *Jones*?
>
> O Sr. *Emmet* continuou assistindo. Uma criança pediu 115g de chocolate à Sra. *McGregor*. Esta colocou uma grande quantidade de chocolates na balança, muito mais do que 115g e, lentamente, tirou os chocolates até que a balança marcasse 115g. Tudo bem.
>
> Então o Sr. *Emmet* observou a Sra. *Jones* na vez de *Johnny*. "Eu gostaria de 115g de balas azedinhas, por favor." A Sra. *Jones* colocou algumas na balança, mal chegando a 50g. Então ela colocou mais e, à medida que se aproximava do peso solicitado, foi diminuindo a velocidade e adicionando apenas uma de cada vez. Foi um processo lento, mas no fim a Sra. *Jones* chegou aos 115g e entregou o pedido a um *Johnny* sorridente.

Qual era o diferencial competitivo da Sra. *Jones* sobre a Sra. *McGregor*?

A percepção do cliente. As crianças viam a Sra. *Jones* lhes DANDO mais balas e a Sra. *McGregor* TIRANDO-AS.

Ambas as mulheres acabavam chegando ao mesmo peso das balas, mas de MANEIRAS diferentes.

A estratégia da Sra. *Jones* de começar com uma pequena quantidade na balança e adicionar balas lentamente deu a impressão de GENEROSIDADE e OFERTA, contra a estratégia da Sra. *McGregor* de colocar muitas balas na balança e começar a TIRÁ-LAS até obter o peso certo.

Sob todos os aspectos, o produto era o mesmo, mas o MÉTODO DE ENTREGA da Sra. *Jones* transmitiu GENEROSIDADE às crianças e elas a preferiam.

Exercício: Faça uma pesquisa com seus clientes

Seus clientes atuais são sua melhor fonte de informações sobre qual é o seu diferencial competitivo. Você pode nem estar ciente dele, e não fique preocupado se eles te surpreenderem. Entre em contato com seus clientes e peça que eles respondam a esta breve enquete:

EXERCÍCIO: Enquete com Clientes

1. Por que você me contratou em vez de outra pessoa?

2. Alguns dos meus concorrentes têm vantagens sobre mim. Por que você me escolheu?

3. Qual é o meu diferencial competitivo que supera o da concorrência?

Não tenha vergonha de pedir aos seus clientes que respondam. Informe-os que isso faz parte de seus esforços para atendê-los melhor. Eles vão gostar disso. E informe-os de que é uma enquete de 60 segundos!

CAPÍTULO 11

Seja um Especialista

O Poder do Micro Nicho

Você precisa fazer um tratamento de canal dentário. Conhece dois dentistas. O Dr. Bob Haskins é excelente, faz odontologia geral, de restaurações a clareamento dental e também tratamento de canal.

O Dr. Lester *Jones* também é dentista. Dr. *Jones* é especialista em canal. Ele só faz isso, realizando mais de 1.500 procedimentos por ano.

Com quem você quer se tratar?

Eu escolho o especialista. Quem você acha que seu cliente escolherá?

Micro Nicho

Atuar em micro nichos significa tornar-se um especialista em um segmento mais restrito (nicho!) de sua área de especialização geral.

Sou um *coach* executivo. Eu posso ajudá-lo em vários níveis, como trabalhar a procrastinação, lançar uma *startup*, investir seu dinheiro, falar em público, vender ou inovar com o *blockchain* (registro de transações de criptomoedas).

Isso pode ser percebido como um faz-tudo que não fecha negócios, mas tudo é verdade. Como você, posso fazer bem mais de uma coisa. No entanto, os clientes querem especialistas e pagam mais por eles.

Eu me considero um *coach* de discurso de vendas. Ensino a qualquer um como vender qualquer coisa. Até agora, neste ano, ajudei meus clientes a ganhar mais de US$ 300 milhões em negócios com este tipo de *coaching*.

Podem ser três estudantes da Universidade Rutgers, que ajudei a ganhar US$ 1 milhão da ONU para um negócio de empreendedorismo social que ajudará refugiados urbanos paquistaneses; ou uma firma de arquitetura de *Boston*, que auxiliei a ganhar uma licitação para construir um arranha-céu naquela cidade. Sou conhecido por isso.

As pessoas pagam mais por especialistas. Posso fazer outras coisas? Claro, mas eu tinha que escolher uma em que era bom, pela qual as pessoas pagariam e que considerariam um investimento em vez de uma despesa.

Pagar por meu *coaching* em discurso de vendas pode dar mais retorno do que o custo dos meus serviços, se você ganhar uma quantidade maior de negócios com a minha ajuda.

Qual é a sua Expertise?

No que você é super bom? Comece a pensar sobre isso. Você pode cobrar mais como especialista. Não se preocupe com a perda de oportunidades. As pessoas valorizam mais os especialistas do que os generalistas.

Embora eu possa ensinar você a nadar no estilo borboleta, fazer uma posição de ioga, vencer um concurso de discurso de vendas, falar alemão e dirigir um carro com embreagem manual, não há futuro para mim se eu tentar vender todos esses serviços ao público.

Escolha uma. Escolha a sua capacidade que o cliente verá como um INVESTIMENTO. O que você pode ensinar às pessoas de maneira que, depois de absorverem o seu conhecimento, os ganhos delas sejam superiores ao valor que pagaram a você?

A empresa de arquitetura de *Boston* que treinei para ganhar a licitação do arranha-céu me pagou menos de US$ 10.000 pela minha consultoria. No entanto, a licitação valeu mais de US$ 100 milhões.

Aos olhos deles, sou barato.

Exercício: Encontre sua *Expertise*

Dedique alguns minutos para fazer uma lista das coisas em que você é realmente bom. Ao lado de cada uma, responda à pergunta: "As pessoas pagariam por isso?" E, ao lado dessa coluna, responda: "Na perspectiva do cliente, seu serviço é um desejo ou uma necessidade?"

O cliente QUER sua oferta ou ele PRECISA dela? Uma manicure atende a um desejo, um médico de emergência atende a uma necessidade.

Exercício:

Escolha uma especialidade. As pessoas pagariam por ela? É um "desejo" ou uma "necessidade"?

1. ____

2. ____

3. ____

Dê uma olhada nas suas áreas de especialização. Destaque as áreas que envolvam conhecimento ou serviços que as pessoas pagariam para acessar e/ou sejam consideradas pelos clientes como uma necessidade. São nestas que você pode começar a focar e oferecer seus serviços como especialista.

Boa sorte!

CAPÍTULO 12

O Que seus Concorrentes Fazem?

Mantenha-se Informado

Todos nós temos concorrentes. Seria bom pensar que somos tão especiais que não há concorrência, mas ela está em toda parte.

Encontre o seu concorrente oculto.

Você faz as melhores rosquinhas do mundo. Melhores do que as da Dunkin' Donuts, da Krispy Kreme e das grandes redes de supermercados. No entanto, existem concorrentes seus lá fora em quantidades maiores do que você pensa.

Pelo que você substituiria uma rosquinha? Se elas deixassem de existir, o que você faria? Eu optaria por um *croissant*, um bolinho, talvez um pudim ou um *bagel.*

Uma rosquinha é uma delícia, um lanche, uma recompensa... Ela é a sua concorrente. E a lista pode aumentar, com sorvetes, sobremesas ou qualquer doce pronto para comer. Encontre seus concorrentes e informe-se sobre todos eles.

Seja um Cliente do seu Concorrente

Se você é o dono do Uber, faça um passeio pela Lyft e veja o que eles estão fazendo. Se é dono do Sheraton, passe uma noite no Four Seasons. Visite seu concorrente e observe o que eles fazem melhor que você, mas que você pode também fazer. E observe o que você está fazendo melhor que eles.

Execute uma análise FOFA / SWOT[2] e DICE

Seja objetivo e perceba as Forças, Oportunidades, Fraquezas e Ameaças de seus negócios e faça o mesmo com seu concorrente. Observe o que eles fazem melhor que você e vice-versa.

Agora faça uma análise DICE. O que você pode diminuir, incrementar, criar ou eliminar para ser melhor que o seu concorrente? Essas ações levarão você a melhorar sua análise SWOT.

Fazer uma análise SWOT de seus concorrentes revelará itens específicos que podem ajudá-lo a se sair melhor em seus próprios empreendimentos. Use este exercício como uma maneira de aprimorar seus negócios rapidamente.

Exercício: FOFA / SWOT e DICE

Vá para o concorrente que lhe causa mais estresse, inveja e ciúmes. Ele é sua maior ameaça. Realize uma SWOT no empreendimento dele vendo-o com os olhos de um cliente potencial.

Ele tem melhores preços, melhor serviço, funcionários mais agradáveis? Talvez ele tenha preços piores e uma equipe antipática, mas uma ótima localização e uma fila na porta. Seja objetivo! Isso pode ser difícil. Se você se sente incomodado com informações ameaçadoras, leve com você um amigo honesto e sincero.

Em seguida, execute um DICE para se aprimorar.

Faça o exercício a seguir em menos de 10 minutos. Faça isso rapidamente. Escreva a primeira coisa que lhe vier à mente e depois faça uma segunda rodada para ser mais cuidadoso. Isso o impedirá de se prender a detalhes.

---

2 (N. da. T.: SWOT[1] - sigla em Inglês para: Strengths, Weaknesses, Opportunities e Threats)

Exercício: FOFA/SWOT do seu concorrente

Quais são as FORÇAS dele?

Que OPORTUNIDADES tem diante dele?

Quais são as suas FRAQUEZAS?

O que está AMEAÇANDO seus negócios?

Exercício: Seu Próprio DICE

O que você pode DIMINUIR para se sair melhor do que a concorrência?

O que pode INCREMENTAR?

O que pode CRIAR?

O que pode ELIMINAR?

Embora possa ser emocionalmente perturbador encarar a concorrência e reconhecer que ela está fazendo algo melhor que você, é sensato fazer esse exercício.

Se seus concorrentes são inteligentes, estão fazendo a mesma coisa.

CAPÍTULO 13

Vendas SMART

Cinco Etapas Fáceis

A dica extra nº 9 do livro de John Westman,"*Top 10 Best...*", fala das metas sobre as visitas de vendas:

Tenha um Objetivo para cada Visita de Vendas

A melhor maneira de alcançar uma meta é ter uma. E a melhor maneira de aumentar a probabilidade de sucesso é que esse objetivo tenha os cinco atributos a seguir:

Specific (Específico)

A ambiguidade cria procrastinação. Se o meu objetivo é "vender mais", provavelmente não vou me sair muito bem, porque é vago demais.

> Exemplo: quero vender mais neste mês do que no anterior e quero que a média mensal de vendas deste ano seja maior que a do ano passado.

Measurable (Mensurável)

Tenha uma métrica, um guia, uma medida específica para acompanhar como está se saindo. Isso também é chamado de KPI (*key performance indicator*, indicador-chave de desempenho).

> Exemplo: quero vender pelo menos US$ 1 a mais em produtos e serviços este mês do que no mês passado e quero que a média mensal de vendas deste ano seja 5% maior do que a do ano passado.

Observe como adicionamos números que podem ser um parâmetro.

Attainable (Atingível)

É importante para a moral (sua e da equipe) ter uma meta que você possa realmente alcançar. O fracasso não é divertido e pode ser desmoralizante. Certifique-se que sua meta tem uma boa chance de ser atingida.

O objetivo de vender US$ 1.000 a mais de produtos/serviços neste mês e 5% a mais do que a média mensal de vendas do ano passado é atingível. Embora eu adorasse vender pelo menos US$ 1 milhão neste mês e ter uma média mensal 500% maior, isso é muito intimidante. Estipule um número que esteja ao seu alcance.

Relevant (Relevante)

Faça com que esse objetivo tenha significado para você. Se o seu objetivo é ser o líder mundial em sua área, isso pode soar bem, mas se for recém-casado, tiver comprado uma casa e estiver com um bebê a caminho, o momento para esse objetivo não é adequado para você e sua nova família.

> Exemplo: quero orientar meu braço-direito para assumir minha função e administrar a empresa com eficiência por pelo menos duas semanas, caso eu precise de uma folga.

Timebound (Prazo)

Apenas "vender mais sempre que puder" provavelmente não ajudará muito a aumentar as vendas. Prazos funcionam. A pressão para executar algo em tempo hábil instiga as pessoas a agir. Coloque um tempo limite para tal. Novamente, quanto mais específico, melhor.

> Exemplo: quero começar entrevistas para contratar três novos vendedores em 10 dias. Quero criar minha lista com as habilidades que desejo ver neles em 5 dias. Quero esses três novos vendedores sentados em suas cadeiras e trabalhando em 90 dias e quero que eles produzam vendas em 120 dias.

Os seres humanos precisam de estrutura, e esta inclui os componentes *SMART* listados acima. Você ficará surpreso ao ver como algo tão simples funciona tão bem.

Exercício SMART

Pegue sua meta de vendas e coloque-a sob este paradigma.

EXERCÍCIO: Meta de Vendas

Specific (Específico): Seja claro

Measurable (Mensurável): Defina como você vê uma "missão cumprida"

Attainable (Atingível): Seja realista em vez de tentar "esticar" um objetivo

Relevant (Relevante): Algo significativo para você

Timebound (Prazo): Adicione uma data e hora - os prazos funcionam!

Eu uso as metas *SMART* para muitos aspectos da minha vida. Experimente-as também em outras áreas. É ótimo para atingir objetivos em qualquer ambiente onde a procrastinação se instalou.

CAPÍTULO 14

Linguagem Corporal Negativa

Evite Dizer a Coisa Errada com seu Corpo

Seu corpo pode dizer muito mais do que sua voz.

Evite Cruzar os Braços ou as Pernas

Cruzar braços ou pernas é uma postura tipicamente defensiva quando você se sente nervoso ou hesitante. No entanto, para o espectador, pode parecer que você é negativo, agressivo ou que discorda dele.

Cuidado para onde Olha

Olhar pela janela, para o teto ou para o chão quando se está com um cliente dá a impressão de que você está tentando escapar da sala, que está incomodado ou não quer estar lá.

Evite Deslizar, Inclinar-se para Trás ou para os Lados na Cadeira

Pode ser confortável deslizar pelo assento ou inclinar-se na cadeira, especialmente durante uma longa reunião. No entanto, todas essas posturas enviam a mensagem de que você está entediado ou não se importa.

CAPÍTULO 15

Linguagem Corporal Positiva

Dizendo as Coisas Certas com seu Corpo

Aqui estão as práticas recomendadas enquanto estiver lidando com um cliente:

Aponte Mãos e Pés para o Cliente

Mantenha as mãos na direção dos clientes, com as palmas das mãos apoiadas na mesa ou abertas em direção ao teto. Isso dá a impressão de estar comprometido e ser honesto.

Mantenha os pés apoiados no chão e apontados para o cliente. Isso evita que você cruze as pernas ou sente-se de lado, mantendo-o sempre concentrado na conversa.

Olhe para o Cliente

Olhe para o cliente quando ele estiver falando. Se ele está a mais de dois metros de distância, olhe entre as sobrancelhas ou as orelhas dele, e ele ainda pensará que você está olhando para ele.

Isso mostra engajamento. Olhe o tempo todo para o cliente que fala mais. Se você sentir que está olhando "demais" para ele, dê um olhar de relance nos outros no recinto, mas mantenha a postura e a impressão que está envolvido.

Incline-se para o seu Cliente

Incline-se levemente em direção ao seu cliente enquanto fala com ele. Isso mostra engajamento e também evita que você se incline para trás ou para os lados.

Inclinar-se faz parecer que você está interessado.

SEÇÃO II

O Cliente

CAPÍTULO 16

O Nome do seu Cliente é a Palavra Favorita Dele

Como Lembrar Nomes

Eu costumava ser péssimo para lembrar nomes, até que um dia ouvi algo que me calou fundo e mudou minha atitude.

Eu estava na Universidade de Nova York, trabalhando no centro de Wall Street, e ouvi por alto dois colegas de trabalho falando sobre lembrar nomes. Um deles disse: "Você não se lembra do nome das pessoas porque está muito voltado para si mesmo e na sua própria imagem."

Uau! Aquilo me atingiu, apesar de não fazer parte da conversa, e fiquei envergonhado porque a afirmação era verdadeira para mim. Prometi aprender o nome das pessoas depois desse dia e, transformando isso em um jogo, adquiri uma habilidade que faz com que elas se sintam importantes e valorizadas. E elas gostarão mais de você também! Aqui está como se faz:

O Jogo de Lembrar Nomes

Este jogo tem apenas três etapas:

1. Associe o nome da pessoa a uma imagem, palavra, expressão ou comportamento.
2. Repita o nome, escreva e/ou pergunte como se escreve.
3. Use o nome dela ao falar com ela.

Etapa 1: Associando o Nome

Quando encontrar uma pessoa nova, associe seu nome à aparência, ao comportamento dela, a uma imagem, palavra ou expressão.

> **OPÇÃO 1:** Quando você encontrar a pessoa, verifique se há algo na APARÊNCIA dela relacionado ao nome.

Meu nome é Michael e, para mim, sempre foi um desafio perder a barriga. Às vezes, fico com uma pequena barriguinha (às vezes mais do que pequena!). Se alguém me encontrasse, poderia lembrar-se de mim chamando-me de MICHAEL MATERNIDADE, porque pareço estar um pouco grávido.

Vá em frente e coloque um pouco de graça no nome. Isso o ajudará a lembrar. Certifique-se de criar uma associação pela aparência que se mantenha na próxima vez em que me vir. Se eu estiver usando uma camisa cor de malva na primeira ocasião, talvez não esteja na próxima. A associação MICHAEL MALVA não estará lá, e você pode esquecer meu nome.

> **OPÇÃO 2:** Quando você conhecer alguém, veja se há algo sobre o COMPORTAMENTO que esteja relacionado ao nome.

Falo muito, e, como ensino a falar em público, ninguém fica surpreso ao ver que falo muito. Você poderia facilmente vincular meu nome a MICHAEL FALANTE.

O que você usa para lembrar um nome é privado. Você não precisa compartilhá-lo.

> **OPÇÃO 3:** Ao conhecer alguém, tente notar algo que crie uma IMAGEM vinculada ao nome.

Há uma mulher que vejo com frequência em minha cidade e muitas vezes esquecia seu nome até aplicar a técnica. O nome dela é Marilyn, e ela usa uma tonelada de maquiagem. Como eu me lembro dela? MARILYN MAYBELLINE (da marca de maquiagens). Sempre que vejo Marilyn, vejo sua maquiagem primeiro.

Lembre-se de que você não precisa compartilhar o nome com ninguém!

> **OPÇÃO 4:** Quando encontrar alguém, observe se há algo que vincule o nome a uma PALAVRA.

Eu frequento a *Down Under Yoga* em *Brookline, Massachusetts*, cerca de quatro vezes por semana, e geralmente tenho um professor diferente. Esta é uma ótima oportunidade para testar o jogo dos nomes.

Uma das minhas professoras de ioga se chama Shannon. Eu a conheci uma manhã logo depois de descer de um voo do Reino Unido e voar de Air Lingus da cidade de Shannon, na Irlanda, para *Boston*.

Eu contei a ela que vim à aula para relaxar minhas costas depois de ficar sentado por horas no avião. Quando Shannon me disse o nome dela, eu disse: "Uau! Acabei de vir do aeroporto de Shannon! Sempre lembrarei do seu nome agora!

Acontece que Shannon nasceu na Irlanda. Veja só.

> **OPÇÃO 5:** Quando encontrar uma pessoa, ouça-a e observe se há uma EXPRESSÃO que ela usa com frequência.

Eu estava no casamento de minha prima Robyn em Manhattan em 2001 e minha tia Helen era uma das convidadas.

Tia Helen veio até mim e me deu um grande abraço, um beijo e se apresentou ao cavalheiro que estava ao meu lado. Ela perguntou: "Qual é o seu nome?"

Ele deu um grande sorriso para minha tia Helen e disse: "Ray!"

Tia Helen respondeu: "Ray, que sorriso lindo você tem... é como um raio de sol. É assim que vou me lembrar do seu nome."

Por incrível que pareça, mais de uma década depois, lembro o nome da pessoa que estava ao meu lado no casamento da minha prima Robyn na cidade de Nova York em 2001.

Ele era um "Ray-o" de sol.

Etapa 2: Repita o Nome Deles

No minuto em que ouvir o nome, repita-o, escreva-o e/ou pergunte como se escreve.

OPÇÃO 1: repita o nome para ele.

Tive alguns clientes que chegaram à fase final de um concurso da ONU dentre 100.000 candidatos. Eles me contrataram para treiná-los sobre como fazer um discurso de vendas para a *startup* deles.

Antes da competição, um cavalheiro veio até mim, leu meu crachá e disse: "Michael, você nunca respondeu ao meu *e-mail*".

Aquilo me surpreendeu. (a propósito, ele estava certo: eu não havia respondido.) Ele se apresentou como um dos líderes do evento: Sr. *Ashok Mahbubani*. Como eu lembrei o nome dele?

Porque fiquei "Ashocado" quando ele disse que eu não havia retornado o *e-mail* dele.

Então eu conheci a esposa dele, Rita. Sorri imediatamente, apertei a mão dela e disse: "Rita, é um prazer conhecê-la. Esta é a sua primeira vez na ONU?"

OPÇÃO 2: ESCREVA o nome.

Isso é fácil se você tiver papel e caneta para ajudar a cimentar o nome no cérebro.

Sempre que vou a uma reunião, faço um pequeno diagrama das pessoas sentadas ao redor da mesa e escrevo seus nomes quando elas se apresentam.

Se eles me entregarem seus cartões de visita, organizo os cartões na mesa em um formato de diagrama correspondente ao local em que estão sentados ao redor da mesa.

OPÇÃO 3: PERGUNTE como se soletra o nome.

Como instrutor em *Harvard*, tenho alunos de todo o mundo e alguns nomes são longos, complicados e difíceis de repetir quando falam muito rapidamente.

Quero fazer com que todos os nossos alunos se sintam bem-vindos e pronunciar seus nomes adequadamente os faz se sentirem bem.

Não tenho vergonha de perguntar aos alunos como se soletra seus nomes. E, depois de fazer isso, fico surpreso com a facilidade com que se pronuncia a maioria dos nomes.

Fiz um discurso no Japão, e meu anfitrião se chamava Hitnori. Todo mundo dizia o nome dele tão rápido que eu não conseguia entender. E, como ele não falava inglês, eu não podia perguntar a ele como soletrar seu nome. Então, dei a ele meu cartão de visita e ele me deu o dele.

"Ri[1]-Nó-ri[2]". Bastante fácil.

Às vezes, pergunto às pessoas se elas têm um jeito de eu lembrar o nome delas.

Um dos meus alunos dos cursos de falar em público trabalhou no MIT. O nome dele era Rohit. Quando perguntei se havia alguma maneira de me lembrar de seu nome, ele respondeu-me: “Rock com ritmo.” RO-HIT[1]. Aí tudo funcionou.

Etapa 3: Use o Nome Deles

Use o nome imediatamente para memorizá-lo. Não se preocupe se soar forçado ou falso. As pessoas preferem que você se lembre do nome. Na primeira hora, se você esquecer o nome deles, basta perguntar: “Diga-me seu nome novamente? Quero lembrá-lo corretamente.”

(N. da T.: [1]pronúncia aproximada do “R” inicial dos cariocas; [2]pronúncia do “R” na palavra “caro”)

Exercício: O Jogo dos Nomes

Dê uma olhada abaixo para ver como você se sai neste jogo. Faça cinco exercícios.

1. Pergunte o nome do seu garçom na próxima vez em que comer fora. Use o nome dele durante a refeição e tente perceber alguma mudança na qualidade do serviço!

2. Pergunte o nome do seu comissário de bordo no seu próximo voo. Use o nome dele durante o voo e veja se recebe amendoins extras!

3. Descubra o nome do seu motorista do Uber ou do táxi. Experimente o SINOLI durante a corrida e observe como o motorista reage a você.

Lembrar o nome de alguém é importante. Ele transmite a mensagem de que você se importa. Se você esquecer, transmitirá o oposto. Transformando seu esforço em um jogo, descobrirá que tem um desempenho muito melhor. Seus clientes vão adorar você! Divirta-se!

CAPÍTULO 17

Qual é a sua Promessa ao seu Cliente?

"Eu Prometo..."

Este capítulo o ajudará a ter foco e clareza EXATAMENTE sobre COMO você ajudará seu cliente. Qualquer ambiguidade sobre o seu papel acabará aqui.

A Promessa da Marca

O livro de John Westman,"*Top 10 Best...*", explica melhor esse conceito: a "promessa da marca" é o compromisso geral da empresa e da marca para com o cliente. A promessa costuma ser uma frase, que transmite a experiência e o sentimento que a empresa deseja que seus clientes sintam. Exemplos de promessas de marca são:

> A NFL: "Ser a principal marca de esportes e entretenimento que une pessoas, conectando-as social e emocionalmente como nenhuma outra."
>
> Coca-Cola: "Inspirar momentos de otimismo e elevação."
>
> Virgin: "Ser genuína, divertida, contemporânea e diferente em tudo o que fazemos a um preço razoável."

As promessas da marca são frequentemente genéricas. A minha promessa de marca é:

> Ensinar qualquer pessoa com vontade como ser um excelente orador público, usando técnicas que desenvolvi ao longo dos anos, em um ambiente divertido e de apoio.

A promessa é específica para cada cliente, define explicitamente os benefícios monetários do seu produto e é a maneira mais poderosa de comunicar a promessa da sua marca e/ou sua proposição de valor.

Com base no que nosso produto, empresa e eu faremos, prometemos que:

Começando em	[data]
Porque você contratou / está usando	[nome da empresa / produto]
Você atingirá os	[resultados esperados]
Até	[data dos resultados]
Conforme medido por	[metodologia de medição]

O *chef* pessoal de Tom Brady veio a mim alguns anos atrás procurando um *coach* para ajudá-lo com uma TED Talk[3]. Veja como usei o modelo acima, simplesmente preenchendo os espaços em branco para criar minha promessa específica para ele:

> A partir de 1º de julho de 2016, porque Allen Campbell contratou a *Power Speaking Coach LLC*, Allen adquirirá as habilidades necessárias para ministrar uma conferência TED inspiradora até 1º de agosto de 2016, mensuradas pelas gravações em vídeo que farei, pelo *feedback* de seus colegas assistindo-as, além da autoavaliação de Allen sobre o quão confiante ele particularmente se sentirá para fazer sua palestra.

Bem simples. Agora é sua vez.

Exercício: Criando sua Própria Promessa ao Cliente

Leia a tabela abaixo e preencha os espaços em branco. Quando terminar, simplesmente junte as frases.

Abaixo da tabela está minha promessa ao cliente para você, leitor.

3 (N. da T.: [1] série de conferências destinadas à disseminação de ideias)

EXERCÍCIO:

Início da frase	**Preencha o espaço em branco**
1. A partir da data...	__/__/____
2. Porque você contratou/ está usando...	Nome da empresa /de seu produto
3. Você alcançará...	Resultados esperados
4. Até...	(limite para resultados) __/__/____
5. Conforme medido por...	Metodologia de medição

A partir do dia em que você adquirir este livro, porque está lendo *Como Vender – Mesmo Sem Querer*, obterá calma, confiança e as técnicas necessárias para vender aos clientes através da mentalidade de ajudá-los, no momento em que terminar de ler o livro inteiro e aplicar as técnicas, mensuradas por seus parâmetros pessoais de resultados e sentimentos.

Viu? Bem simples. Agora é sua vez. Qual é a sua promessa ao cliente?

CAPÍTULO 18

Pessoas Contratam Pessoas, Não Empresas

Como Ser Inestimável

Peter Johnson, consultor de desenvolvimento de negócios, entrevistou centenas de clientes jurídicos. Setenta e cinco por cento deles disseram que não trabalhavam com um escritório de advocacia em particular, mas sim com um advogado em particular naquela empresa E se esse advogado deixasse a empresa eles os seguiriam.

O Melhor Não é o mais Inteligente

Peter pesquisou esses clientes mais a fundo, perguntando por que eram tão leais a certos advogados. Observe que NENHUMA das respostas foi “eles são tão inteligentes.”

- Eles conhecem o meu negócio.
- Eles me conhecem.
- Eles conhecem a minha tolerância a riscos.
- Eles conhecem o setor.
- Eles tomam posições.
- Eles são responsivos.
- Eles são confiáveis.
- Posso contar segredos a eles.

- Posso dizer-lhes coisas que não direi à minha esposa ou marido.
- Eles me ligam antes de eu ligar.
- Eles me apresentam pessoas.

É Fácil Ser Inestimável

Como pode ver, nenhum dos requisitos acima é difícil de cumprir. Basta fornecer um ótimo serviço, fazer as coisas rapidamente e bem, ouvir, estar atento.

CAPÍTULO 19

Sua Primeira Reunião com Clientes

Torne-a um Sucesso

Com o Poder do POGO

Como fazer uma reunião inicial de sucesso? Você pode estar nervoso, não conhecer a pessoa e se sentir embaraçado também. O POGO pode ajudá-lo. O POGO foi popularizado por Zig Ziglar em seu livro clássico "*Selling 101*"[4].

Ao fazer uma série de perguntas, na ordem certa, você pode criar uma conexão com seu novo cliente, permitindo ajudá-lo ainda mais. Faça apenas quatro perguntas.

P significa Pessoa

Faça perguntas sinceras sobre a pessoa com quem você estiver. Nesta fase, certifique-se de que elas falem 75% do tempo. Você está aprendendo sobre elas (você já sabe sobre si mesmo).

Faça perguntas sinceras, breves, calorosas e amigáveis.

Perguntas sobre Pessoas

A lista abaixo é uma amostra de perguntas sobre pessoas que você pode usar. Observe como algumas são abertas (eles podem falar bastante ao respondê-las) ou fechadas (respostas sim ou não). Sugiro que você use perguntas abertas, porque elas tiram menos da sua energia e o tempo que seu cliente continua falando é uma boa indicação que as coisas estão indo bem.

4 (N. da T.: Título da edição americana, ainda sem edição no Brasil, significando "o mais básico em vendas")

Exercício: Perguntas sobre Pessoas

1. Pergunta aberta: Como entrou nesse negócio?

2. Aberta: Onde você cresceu?

3. Pergunta Fechada: Há quanto tempo mora aqui?

4. Fechada: Há quanto tempo é (jogador de golfe / marinheiro)?

5. Sim ou Não: Você gosta de trabalhar nesta área?

6. Sim ou Não: Você teve um bom final de semana?

Você pode observar o tema das perguntas. Mantenha seu cliente falando para ouvir e aprender mais sobre ele, pois, assim, poderá atender melhor às necessidades dele.

O significa Organização

Após alguns minutos discutindo seus interesses pessoais e antecedentes, passe para uma discussão sobre a organização ou empresa deles.

Passe cerca de 25% do tempo falando sobre a sua própria empresa e 75% falando da empresa deles.

Questões de organização

Você está tentando criar uma conexão aqui, bem como tentando conhecer a organização dos novos clientes. A seguir estão algumas perguntas que poderá usar com eles.

Exercício: Questões sobre Organização

1. Aberta: Pode me falar um pouco sobre sua organização?

2. Aberta: Que parte de sua operação mais o empolga?

3. Fechada: Como está o desempenho do seu departamento?

4. Fechada: Que tipo de treinamento de liderança seu grupo recebe?

5. Sim ou Não: Você está satisfeito com seus lucros?

6. Sim ou Não: Você está crescendo na velocidade que deseja?

De novo você pode notar o tema das perguntas. Mantenha seu cliente falando para ouvir e aprender mais sobre a organização dele, pois poderá atender melhor às necessidades dele.

G significa "Goals" (Metas/Objetivos)

É aqui que você coleta informações sobre metas pessoais e profissionais.

Investigue a fundo para descobrir os verdadeiros objetivos. Você pode ouvir "aumentar as vendas". Com um pouco mais de sondagem, pode descobrir que, se as vendas aumentarem, seu cliente poderá se tornar chefe do departamento e conseguir um lugar no conselho. De repente, o objetivo organizacional se transformou, na verdade, num objetivo pessoal.

Perguntas sobre Metas/Objetivos

Fique à vontade para se aprofundar nas perguntas sobre os objetivos. Quando sentir que chegou à essência do que o cliente realmente quer, poderá começar a realmente ajudar.

Exercício: Perguntas sobre Metas

1. Aberta: Como é atingir o sucesso para você?

2. Aberta: Digamos que chegue lá. E aí? Acabou?

3. Aberta: Quais são as suas metas pessoais / organizacionais?

4. Aberta: Como você determinou que essas metas tinham prioridade?

5. Fechada: Quanto mais dinheiro você gostaria de ganhar?

6. Fechada: Qual percentual de aumento você almeja em sua meta?

7. Sim ou Não: Você gosta de estabelecer metas?

8. Sim ou Não: Sua equipe gosta de ter metas definidas para atingir?

Lembre-se, investigue a fundo aqui. Mantenha seu cliente falando sobre os objetivos reais dele, ouça e aprenda para ajudá-lo a alcançá-los. Se você o ajudar nisso, então ele o ajudará com os seus objetivos.

O Significa Obstáculo

Todo mundo tem problemas. Isso ajuda você a ver os problemas de seus clientes como obstáculos, ou quebra-cabeças, que você pode tentar resolver em benefício deles.

Ao eliminar os obstáculos de seus clientes, você se diferencia como uma pessoa que traz soluções para as suas vidas. Você será confiável se puder fazer isso. Mas, primeiro, precisa descobrir quais são esses obstáculos.

Perguntas sobre Obstáculos

A lista abaixo é uma amostra das perguntas sobre obstáculos que você pode usar. Observe como algumas são abertas ou fechadas. Neste assunto, sugiro usar perguntas abertas, porque você trabalha menos e aprende mais.

Exercício: Perguntas sobre Obstáculos

1. Aberta: O que está impedindo você de chegar aonde quer?

2. Aberta: Quais obstáculos vem enfrentando?

3. Fechada: O que está fazendo para superá-los?

4. Fechada: Qual obstáculo é o mais crucial para ser superado?

5. Sim ou Não: Existem outras medidas que possa tomar?

6. Sim ou Não: Você traçou um plano?

Faça o seu cliente falar e pensar enquanto você ouve e aprende. Preste atenção especial aos sinais de procrastinação.

O POGO pode funcionar como mágica para você. É ótimo como um quebra-gelo com estranhos. As pessoas gostam de falar sobre si mesmas, e acho que as partes P (pessoas) e O (organização) são fáceis. Quem não quer falar sobre seus G (gols/objetivos)? De longe, o mais fácil é o último: O (obstáculos). As pessoas adoram quando alguém se preocupa com seus problemas.

Apenas ouça.

CAPÍTULO 20

DICE: Uma Avaliação Poderosa

Veja o que ela Diz sobre Você e o Seu Cliente

Sempre há espaço para melhorias. **DICE** é uma avaliação em quatro partes que o levará de onde você está para onde quer estar. Você pode fazer uma autoavaliação **DICE**, outra para o seu cliente, bem como para situações, problemas ou melhoria de negócios.

Farei um **DICE** para minha vida pessoal no momento em que escrevo este livro.

D para Diminuição

O que precisa ser DIMINUÍDO na situação? Pode ser necessário manter um determinado componente, mas talvez ele precise ser atenuado. Usando uma nota, se ele for um 10, você poderá diminuí-lo para um 8.

Preciso diminuir a sensação de que não estou fazendo o suficiente. Embora a culpa e a ansiedade sejam motivadoras para mim, elas diminuem minha capacidade de ver que sou produtivo, estou fazendo um bom trabalho e estou me saindo bem. Não quero reduzir a culpa e a ansiedade para zero, porque a ansiedade me motiva. Eu gostaria de diminuir a culpa e a ansiedade de 8 para 6.

I para Incremento

O que precisa ser INCREMENTADO na situação? Um componente específico pode ser importante, mas talvez não esteja forte o suficiente para ser eficaz.

> Eu preciso aumentar minha atividade social. Quase tudo o que faço tem algum objetivo associado, algum ângulo de autoaperfeiçoamento. Ioga, equipe de natação, um livro de autoajuda. Preciso aumentar atividades despreocupadas, que não tenham uma função produtiva.
>
> Quero aumentar minha atividade social de 2 para 4.

C para Criação

O que precisa ser CRIADO ou introduzido na situação para melhorar as coisas? O que não existe agora e que o ajudará quando presente.

> Quero criar um ambiente mais aconchegante na minha casa nova. Agora é uma casa, mas ainda não é um lar. Animais de estimação criam um ambiente acolhedor para mim. Eu adoraria ter um labrador amarelo, mas, com meu estilo de vida, um gato afetuoso funcionará bem. Quero conseguir um gato amigável para criar um ambiente doméstico de mais afeto.

E para Eliminação

O que precisa ser totalmente ELIMINADO da situação? O que está ali só causando problemas e que precisa desaparecer? A eliminação deste item vai melhorar imediatamente minha situação.

> Você é a soma dos seus cinco amigos mais próximos. Quero eliminar um amigo em particular que infelizmente é tóxico, cheio de ressentimentos e fofocas, e só vê o que há de errado com o mundo. Minha única função é ser um ouvinte compreensivo para esta pessoa, mas isso me deprime. Ao eliminar esse relacionamento tóxico, terei espaço para um amigo mais positivo em minha vida.

DICE para um Cliente

Vamos tentar o DICE em um ambiente de negócios. Recentemente, ministrei um *workshop* de liderança em comunicação em Barbados e um dos participantes estava elaborando um discurso para convencer os moradores locais a cultivarem suas próprias frutas e legumes em vez de comprar alimentos OGM (organismos geneticamente modificados).

Meu *feedback* ao orador foi este:

> Diminuição: diminua a quantidade de tempo que você gasta falando sobre como os alimentos OGM são ruins para as pessoas e para cadeia de alimentos. É muito negativo e o público se desligará.
>
> Incremento: aumente a quantidade de tempo que você gasta conversando sobre os benefícios do alimento que não é OGM. Melhor sabor, melhor para o meio ambiente, melhor para o corpo.
>
> Criação: crie alguns novos benefícios para que as pessoas cultivem seus próprios alimentos não-OGM. Jardinagem é um passatempo divertido e relaxante, a comida caseira tem um sabor mais vivo, as crianças saberão de onde vem a comida.
>
> Eliminação: elimine as partes do seu discurso que envergonham as pessoas que compram alimentos OGM. Isso as desconecta pela repreensão e por receberem um fardo de culpa para carregar.

Exercício de DICE

Reserve 3 minutos para fazer seu próprio DICE. Pode ser uma avaliação profissional ou pessoal. Faça o DICE para o que vem à mente agora que precisa melhorar.

EXERCÍCIO: DICE

1. O que você precisa diminuir?

2. O que você precisa incrementar?

3. O que você precisa criar?

4. O que você precisa eliminar?

DICE é curto e poderoso. Experimente em você mesmo, nos seus clientes e em qualquer situação que precise de melhorias.

CAPÍTULO 21

Acalmando Clientes Irritados

A Técnica Reconfortante da Sensação, Relação, Descoberta

Aqui vai mais uma dica profissional, a de nº 10, do livro de John Westman,"*Top 10 Best...*":

Como Usar a Sensação, Relação, Descoberta

Essa é uma técnica clássica e útil para lidar com objeções, pois:

1. Reconhece as ideias e sentimentos de seu cliente

2. Identifica experiências reais dos pares do cliente

3. Destaca o valor que o produto fornece

Três Ideias

A técnica toma por base estas três ideias: "Entendo como você se sente... Outras pessoas também se sentiram da mesma forma antes de tentarem... E, depois de trabalharem conosco, descobriram que..."

Por exemplo:

> "Entendo que você ache que essa é uma solução cara, outros também se sentiram da mesma maneira quando analisaram nossa solução pela primeira vez. Depois que usaram nossa solução, eles descobriram que haviam economizado mais de US$ 1 milhão no primeiro ano".

Os recursos e benefícios se traduzem em sentimentos:

Característica	Benefício	Sensação
Novo componente	Mais rápido	Mais feliz porque o prazo foi cumprido
Mais qualidade	Maior	Maior tranquilidade
Mais agradável	Melhor imagem	Sentiu-se mais importante ou mais orgulhoso

Exercício: SENSAÇÃO, RELAÇÃO, DESCOBERTA

Quais são as objeções mais frequentes ao seu produto ou serviço?

1. Objeção 1

2. Objeção 2

3. Objeção 3

Que frases sobre "sensação, relação, descoberta" podem ajudá-lo com a primeira objeção?

SENSAÇÃO:

"Eu entendo que é assim que você se sente quando..."

"Eu entendo como se sente quando diz que..."

"Eu percebo pelo que já passou..."

RELAÇÃO:

"Outros clientes se sentiram da mesma maneira quando..."

"O cliente X tinha a mesma preocupação..."

"O cliente X me lembrou que ele tinha visto o produto da mesma maneira antes de usá-lo..."

DESCOBERTA:

"Depois de usar o produto, eles acharam..."

"Depois de usar o serviço, o cliente X descobriu..."

"Depois de usar o produto, eles aprenderam..."

CAPÍTULO 22

Criando a Lealdade do Cliente

Oito Etapas para Facilitar a Fidelização dos Clientes

Jim Durham é diretor de marketing do escritório de advocacia Clarke Hill, em *Boston*. Jim é um vendedor master que ofereceu oito etapas para criar a lealdade do cliente quando o entrevistei para este livro.

Etapa 1: O que Será Necessário para seus Clientes Dizerem: "Você é o Melhor"?

Alguém é o melhor. Porque não você? Seu cliente tem um melhor funcionário, um melhor advogado, um melhor fornecedor. Qualquer que seja o trabalho que você faça para ele, alguém ocupa a posição de "melhor". Por que não você? Caso contrário, pergunte ao seu cliente quem é e o que você pode fazer para assumir essa posição. Eles ficarão felizes em compartilhar essas informações com você.

Etapa 2: Seja Diferente: "Por Que Você?"

Qual é a sua proposição única de valor (UVP)? O que você faz de maneira diferente dos outros, que se destaca e é valorizado pelo seu cliente?

Meus clientes gostam de três coisas sobre mim:

1. Eu respondo rapidamente
2. Eu trabalho nos fins de semana
3. Digo "sim" primeiro e imagino como fazer a solicitação deles funcionar.

Pergunte ao seu cliente o que faz você ficar acima do resto. Ele vai te dizer!

Etapa 3: Descubra os Obstáculos do seu Cliente e Remova-os.

Existem três tipos de obstáculos, de acordo com Jim:

1. Externo: A economia ou concorrentes, etc.

2. Interno: clientes, colegas de trabalho, sistemas de remuneração, etc.

3. Lixo mental: pensamento negativo e preocupação excessiva.

Descubra em qual das três categorias seu cliente se encaixa e concentre-se em resolvê-la!

Etapa 4: As Pessoas Contratam Advogados, Não Escritórios de Advocacia.

O que importa é o relacionamento.

Todos nós somos substituíveis. Podemos criar lealdade construindo um relacionamento com o cliente, em vez de simplesmente construir transações de negócios. Crie um relacionamento com seu cliente. Leve-o para almoçar e não tente vender nada. Aja de maneira que cada telefonema seu não seja sobre vender algo e sim ser uma fonte positiva de soluções.

Etapa 5: Se Você Não está Levando seu Cliente para Almoçar, seu Concorrente está.

Mantenha o relacionamento.

Existe um mundo predatório lá fora. Mantenha seus bons relacionamentos. Evite achar que sempre estarão lá. Em vez disso, ache um lugar para almoçar com eles.

Etapa 6: Visite os Clientes.

Quanto mais os clientes o veem... mais negócios eles oferecem a você.

Etapa 7: Se um Relacionamento Não está Crescendo, está Morrendo.

Nós simplesmente não podemos ficar parados nos negócios. Assim como na vida (e no mercado de ações), estamos em fase de crescimento ou de contração. Mantenha seus relacionamentos vivos e em crescimento. Como você poderia fazer o relacionamento com o seu cliente tornar-se ainda maior?

Etapa 8: Ser Passivo é Perder Negócios.

Ficar parado simplesmente não é uma opção. Esperar o telefone tocar é ser passivo. A competição está lá fora, e a mais agressiva e atenciosa é que vai vencer.

Essas oito etapas estão em funcionamento. Para ganhar a lealdade do cliente, você deve ser o melhor aos olhos dele. As oito etapas são um roteiro para alcançar esse status. Vá pegá-lo!

Exercício: Criando a Lealdade do Cliente

Responda às perguntas a seguir:

1. Qual é a sua proposição de valor único pessoal?

2. Qual cliente precisa ser levado para um almoço?

3. Qual cliente do seu concorrente você quer levar para almoçar?

4. Qual cliente precisa de uma visita sua?

5. Qual dos seus relacionamentos está morrendo?

6. Com qual cliente você está sendo passivo?

Trabalhe em cada um desses itens do exercício. Se essas respostas o deixarem ansioso, pegue o telefone agora e comece a ver seus clientes. Eles vão adorar!

SEÇÃO III

Fazendo Perguntas

CAPÍTULO 23

O Poder de Fazer Perguntas

As Pessoas Vendem a si Mesmas

Muitas pessoas pensam que, para vender, você precisa falar muito e explicar todos os recursos e benefícios maravilhosos do seu bem ou serviço. Você não pode mudar a opinião de outra pessoa – apenas essa pessoa tem o poder de mudar de ideia.

Existe uma maneira melhor. Lembre-se, você não está mais vendendo. Você está ajudando. Qual é a melhor maneira de ajudar? Pergunte ao seu cliente do que ele precisa.

Algumas perguntas fáceis para começar são:

> Como posso ajudar?
>
> O que você gostaria que melhorasse?
>
> Como é o sucesso para você?
>
> Termine esta frase: eu desejo...

Ouça. Pergunte. Ouça. Repita.

A dica extra nº 6 do livro de John Westman,"*Top 10 Best...*", fala o seguinte:

> Você não está aprendendo se estiver falando. Vender não é falar. Você tem dois ouvidos e uma boca – ouça o dobro do que fala. Pessoas gostam de outras que as ouçam e, quanto mais você ouve, mais elas gostam de você. Ouvir e fazer perguntas é a melhor abordagem para você entender as preocupações do cliente, quais são as necessidades dele e o que ele está procurando para resolvê-las.

Como Economizei US$ 40.000 Fazendo Duas Perguntas

Em 1994, quando eu tinha 26 anos, abri uma empresa de administração de finanças em Wall Street. As coisas correram bem e, em 1998, eu estava gerenciando cerca de US$ 100 milhões. Tirei férias na Europa naquele verão com amigos e levei meu celular para fazer negócios enquanto estava longe dos Estados Unidos.

Os telefones celulares não eram o que são hoje. Conseguir sinal e fazer uma chamada que não caísse era mais arte do que ciência. Naquela época, Gary K. era um dos meus maiores clientes – e, talvez, o mais perfeccionista.

Para dar uma ideia do perfeccionismo de Gary, ele era tão exigente quanto ao preparo do seu martini, que, quando saímos juntos para alguns jantares em Manhattan, ele dava ao garçom um cartão de visita impresso sobre como preparar a bebida.

Que Deus ajudasse o *barman* que não seguisse as instruções!

Quando eu estava na Europa, não consegui liquidar as ações de Gary a tempo porque a ligação caiu e isso resultou em uma perda de US$ 40.000.

Como a culpa era minha, eu iria fazer um cheque de US$ 40.000 para Gary. Arruinei minhas férias cheio de culpa e preocupação de que Gary fechasse sua conta e, para arrematar, me processasse.

Gary ficou ciente do erro e me deixou mensagens de voz desagradáveis, então uma boa parte da minha preocupação foi justificada.

Minha ideia e SUPOSIÇÃO era que Gary quisesse imediatamente um cheque de US$ 40.000, fecharia sua conta e até poderia me processar. Essa era a minha mente lendo o que Gary ia fazer.

Eu presumi isso. Você não faria o mesmo?

Como Gary era tão detalhista em tudo e gostava de ter o comando, liguei para ele quando voltei para Nova York e fiz as duas perguntas a seguir: "Como você gostaria que eu resolvesse meu erro?" E "O que eu posso fazer para fazê-lo feliz?

A resposta dele? "Dê-me US$ 40.000 de sua taxa de administração como crédito."

Uau! Que presente! Eu não precisava preencher um cheque no valor de

US$ 40.000, Gary se manteria um cliente, eu poderia resolver o erro concedendo a ele este valor como crédito e não seria processado.

Um milagre!

Nunca me ocorreu que Gary ficaria feliz com essa solução. Foi quando soube que minhas suposições e leitura de mentes não estavam me servindo muito bem.

A beleza de fazer uma pergunta a Gary foi que ELE criou a solução que ELE desejava. Por que me preocupei em "ler a mente" de Gary quando ele estava mais do que disposto a me dizer o que queria? Tudo o que eu precisava fazer era perguntar.

Se você fizer perguntas aos seus clientes, eles dirão o que querem. Tente!

Conversas, Não Apresentações

Agora, vejamos a dica extra nº 3 do livro de John Westman,"-*Top 10 Best...*":

> Preocupe-se com o seu cliente. Pergunte. Ouça. Repita. Entenda a melhor forma de ajudar seu cliente e, em seguida, adapte sua oferta para ajudá-lo o máximo possível.

Use apresentações para transmitir informações NO CONTEXTO de uma conversa em andamento com seu cliente.

"O futuro pertence aos que perguntam. As perguntas prendem a atenção. Durante o tempo que um cliente em potencial leva para responder a uma pergunta, você tem toda a atenção dele. Este cliente é atraído mais para a conversa à medida que suas perguntas prosseguem. Se suas perguntas forem lógicas, ordenadas e sequenciais, você poderá levá-lo adiante, até a inevitável conclusão de que seu produto ou serviço é exatamente o que ele precisa.

Falar não é vender. Uma pessoa comum fala 135 palavras por minuto, mas pensa 550 palavras no mesmo tempo. Quando você está falando, o cliente em potencial pode tanto ouvi-lo como ficar pensando em várias outras coisas. Ele pode pensar em objeções, críticas, dúvidas, medos e detalhes de sua vida pessoal. Mas, enquanto responde à sua pergunta, não consegue pensar em mais nada."

Fonte: "Stop Telling Start Selling", Linda Richardson, McGraw Hill, 1998 + "Advanced Selling Strategies", Brian Tracy, Simon e Schuster, 1995 (N. da T.: títulos das edições americanas, ainda sem edição no Brasil)

Como Ganhar Propostas de Discurso de Vendas Fazendo Perguntas

Em 2017, a *Margulies Perruzzi Architects* me contratou para ajudá-los a ganhar projetos de construção na área de *Boston*.

Os *slides* do PowerPoint deles eram atraentes, os clientes gostam de ver fotos, mas e se o cliente não gostar do prédio que está vendo nos *slides*?

Sem alterar a apresentação de vendas deles, incentivei a MPA a usar as imagens dos prédios dentro da conversa. Quando aparecesse um *slide* de um edifício, eu os aconselhei a perguntar imediatamente ao cliente: "de que características você gostou neste edifício e quais você alteraria?"

Isso Alcançou Três Objetivos:

1. A empresa deixou claro que não estava vendendo aquele edifício em particular e evitou o risco de o cliente não gostar dele.

2. A empresa descobriu exatamente o que o cliente queria e não queria em um prédio, que foi uma outra maneira de descobrir o que ele estava disposto a comprar.

3. A empresa fez com que o cliente se sentisse importante, pedindo a opinião dele. Ele sentiu que a empresa se importava. E ela realmente o fazia. Porque o estava ajudando.

A mágica de fazer perguntas é que você realmente não precisa saber muito sobre seu produto ou serviço, nem precisa falar tanto. Quando você pergunta do que os clientes precisam, o que querem, quais são seus desafios e como são as soluções, eles vendem a si mesmos.

E te adoram.

CAPÍTULO 24

Conselho Não Solicitado é um Insulto

Use a Pergunta Diplomática Definitiva

Como você se sente quando alguém lhe diz as três frases a seguir?

> "Você sabe o que você precisa fazer?"
>
> "Deixe-me dizer o que deve fazer."
>
> "Eu sei qual é o seu problema. Deixe-me mostrar como consertar."

Essas três frases são uma maneira infalível de irritar as pessoas e fazê-las se sentir diminuídas.

Ajudar x Insultar

Aconselhamento não solicitado (semelhante às três frases acima) é considerado um insulto.

Como você se sente quando alguém lhe diz esse tipo de coisa quando você nunca pediu ajuda, nem opinião ou conselho?

É um insulto.

As pessoas se sentem da mesma maneira quando você faz isso. Mesmo que esteja "apenas tentando ajudar" e tenha as melhores intenções, quando oferece ajuda que não foi solicitada, não é uma ajuda. É agir como um controlador e isso pode ser um insulto ao destinatário.

Seu Cliente Quer que Você Apenas o Ouça?

Acredite ou não, algumas pessoas não querem que seu problema seja resolvido. Elas só querem ser ouvidas. A melhor maneira de ajudar nessa situação é simplesmente ouvir e dar seu apoio.

Isso é muito típico dos relacionamentos entre homens e mulheres. Os homens (inclusive eu) são "consertadores" e querem ajudar ao consertar o "seu problema". Embora possamos ter as melhores intenções, a ajuda só funciona se o destinatário a considerar útil. Se sua "ajuda" é considerada arrogante, controladora e desatenta, adivinhe só? Você está apenas sendo arrogante, controlador e desatento.

A Pergunta Simples: "Como Posso Ajudar"?

Se a pessoa estiver falando sobre o problema dela, sugiro que, antes de entrar no modo "deixe-me-consertar-isso-para-você", pergunte "uau, essa é uma situação difícil. Como posso ajudá-la?"

Não se surpreenda se a resposta for: "Oh, obrigado, eu só quero desabafar um pouco agora".

Se receber essa resposta, então só ouça e dê seu apoio à pessoa.

Pedindo Permissão

Se a pessoa está falando sobre o problema dela e você está morrendo de vontade de ajudar, antes de bombardeá-la com soluções, faça a seguinte pergunta: "Você está procurando sugestões ou apoio? Como posso ajudá-lo(a)?"

Cerca de 80% das vezes em que faço essa pergunta as pessoas me dizem que querem apoio. Sempre fico chocado quando ouço isso. E, para mim, é difícil segurar minha língua.

A Pergunta Diplomática Definitiva

Sou um ajudante/facilitador nato e fico perturbado ao ver pessoas fazerem coisas erradas quando posso resolver o problema delas. Nessas situações, é difícil manter minha boca fechada.

Quando me vejo a ponto de explodir para oferecer minha marca personalizada de "ajuda", faço a seguinte pergunta diplomática: "Posso oferecer uma sugestão para você considerar?"

Esta questão é pura magia!

Várias coisas estão acontecendo dentro desta pergunta:

1. Você está pedindo permissão antes de ajudar. Muito educado.

2. Oferecer "uma sugestão" é humilde. Não é o arrogante "sei que estou certo e tenho a solução".

3. A frase "para você considerar" coloca o poder de volta nas mãos da pessoa que você está tentando ajudar. Será a decisão dela seguir seu conselho, em vez de você empurrá-lo para ela.

Essa pergunta é educada, humilde e mantém o poder e a dignidade do destinatário. Funciona sempre. E 80% das vezes as pessoas dizem "sim" à minha pergunta e encaram meus conselhos como positivos. Ninguém nunca foi ofendido por esta pergunta.

E, por favor, respeite se alguém disser "não" à sua oferta.

Meus sinceros agradecimentos ao professor David Shore, da Universidade de *Harvard*, que me disse isso anos atrás, e foi uma maneira adorável de oferecer ajuda. Pedi sua permissão para pegar emprestada essa citação.

Por favor, use-a para ajudar outras pessoas. É maravilhosa.

Sua "Ajuda" Está Impedindo o Crescimento de Outras Pessoas?

Alguns anos atrás aprendi a velejar (e ainda estou aprendendo!) com a equipe de vela do MIT. É um programa de ensino de vela e, assim que você aprende uma habilidade, ensina a mesma habilidade aos marinheiros mais novos que você.

Um dia, foi a minha vez de ensinar a Jennifer, uma nova marinheira, como realizar a manobra *tack* (mudar a vela de um lado do barco para o outro). Jennifer era muito doce e não muito forte, e eu queria ajudá-la da melhor maneira possível.

Eu mostrei a Jennifer como realizar o *tack* e, quando ela tentou, fez tudo ao contrário. Eu me peguei tirando a corda de suas mãos quando ela estava prestes a cometer um grande erro.

Foi frustrante para mim, porque Jennifer não estava "pegando o jeito". E ela estava irritada comigo por ter agarrado a corda.

Finalmente, cansei-me e deixei Jennifer agir sozinha. Que desastre. Corda da vela com nós, vela torcida. Eu apenas sentei lá e a observei descobrir como fazer direito.

Jennifer descobriu. E através de sua própria experiência.

Ela se virou para mim quando tudo estava consertado e disse: "Oh, agora entendi."

Descobri que estava inibindo o crescimento de Jennifer, tentando ajudá-la a evitar uma situação desastrosa. Agora, quando ensino o *tack*ing aos marinheiros, eles às vezes perguntam: "enrolo a corda no sentido horário ou anti-horário?"

Minha resposta é: "Tente de uma maneira e veja o que acontece".

Não preciso ensiná-los duas vezes.

Você pode dar sua maior ajuda ao permitir que as pessoas aprendam com suas próprias experiências.

CAPÍTULO 25

Respondendo a Perguntas Difíceis

Esteja Pronto para Responder a estas Perguntas Clássicas

O Cliente Difícil

Alguns clientes, atuais ou potenciais, gostam de fazer perguntas difíceis. Eles fazem isso por vários motivos. Aqui estão apenas alguns:

1. Perguntas difíceis podem eliminar vendedores que são apenas "muita conversa sem substância".

2. O cliente em potencial pode ter medo de tomar uma má decisão ao contratar você, então fica hiper vigilante em seu processo de averiguação.

3. Eles o fazem porque podem.

Esteja Preparado para estas 10 Perguntas Difíceis

Abaixo está uma lista das perguntas que recebo repetidamente de meus clientes. Dê uma olhada nelas e veja quantas você pode responder agora.

1. Como você lida com obstáculos imprevistos?

2. Descreva um incidente em que algo deu errado e como você lidou com isso.

3. Descreva um projeto bem-sucedido e porque você acha que foi bem.

4. Qual é a sua maior preocupação com o nosso projeto?

5. O que normalmente dá errado em projetos como o meu e como você os conserta?

6. Conte-me sobre um projeto anterior em que fez algo de que se arrepende até hoje.

7. Deveríamos nos preocupar com o fato de sermos pequenos / grandes demais para você lidar conosco?

8. Como você lida com custos imprevistos?

9. Como você agrega valor?

10. Por que você é tão caro?

Pratique responder a essas perguntas antes de se encontrar com um cliente atual ou potencial.

Responda à pergunta diretamente (não se desvie) e relacione-a com uma história real de um cliente anterior para ilustrar seu ponto de vista.

CAPÍTULO 26

Venda SPIN

Fazendo as Perguntas Certas

A metodologia de vendas SPIN de Neil Rackham ajuda os clientes a obter o que precisam ao fazer uma série de quatro tipos de perguntas numa ordem correta.

SPIN significa: **S**ituação, **P**roblema, **I**mplicação, **N**ecessidade / recompensa.

Perguntas de Situação

Faça perguntas sobre a situação atual do cliente para entender melhor a posição dele no mercado. Coloque seu chapéu de pesquisador e faça perguntas como as abaixo:

> "Como você lida atualmente com a situação?"
>
> "O que você gosta na situação atual?"
>
> "Como você escolheu esse método?"
>
> "Qual é a importância dessa situação para os seus negócios?"

Ouça ativamente e colete o máximo de informações possível sobre onde o cliente está agora. Crie suas próprias perguntas para obter uma compreensão completa da situação.

Perguntas sobre Problemas

Faça perguntas sobre o problema atual do cliente para entender melhor o tipo de consequência que ele acarreta, como:

> "Você pode me dar alguns detalhes sobre os problemas que está enfrentando?"
>
> "O que não está mais lhe servindo?"
>
> "Quão caro é o problema agora?"
>
> "Que outros problemas estão sendo criados por causa disso?"
>
> "Como isso está afetando a sua qualidade de vida e produtividade?"

Ouça ativamente e colete o máximo de informações possível sobre a situação atual do cliente. Faça suas próprias perguntas para obter mais detalhes.

Exercício: Perguntas sobre Problemas

Liste as objeções mais comuns	Sua resposta
1. ______________________	______________________
2. ______________________	______________________
3. ______________________	______________________

Se o cliente reconhecer que há um problema que precisa ser corrigido, é mais provável que o contrate.

Perguntas sobre Implicações

Delinear as implicações da situação pode tornar o cliente ansioso por uma solução para o problema que ele identificou.

Peça ao cliente para identificar por si mesmo o efeito, as consequências e o impacto do problema que não for solucionado.

Entenda a gravidade do problema ANTES de considerar sua solução. Faça perguntas como:

> "Se as coisas continuarem inalteradas, o que acontecerá?"
>
> "Como isso está atingindo os seus clientes?"
>
> "Seus clientes sabem que você está tentando resolver isso?"
>
> "Se o problema continuar, o que acontece com a motivação e a produtividade da equipe?"
>
> "Se isso afeta as vendas e a equipe, como isso afeta seus concorrentes?"

Adicione suas próprias perguntas específicas sobre situação a esta lista para obter um entendimento completo das implicações de permitir que um problema continue sem mudanças.

Perguntas sobre Necessidade/Recompensa

Incentive seu cliente a considerar o quão valiosa seria uma solução para o problema que ele identificou.

Certifique-se que o comprador detalhe o benefício. Incentive-o a visualizar e imaginar o que seria diferente se esse problema desaparecesse.

Isso dá a dimensão do valor do que você tem a oferecer.

O cliente o informará como o seu produto ajudará. Evoque emoções positivas. É bom sentir que um problema urgente pode finalmente ser resolvido.

Faça perguntas como:

> "Por que resolver esse problema é importante para você?"
>
> "Como essa solução vai impulsionar seus negócios?"
>
> "Que melhorias de receita, qualidade de vida ou custos você vê com esta solução?"
>
> "Você encontraria valor em...?"
>
> "Ajudaria se...?"

Novamente, sinta-se à vontade para criar suas próprias perguntas para fazer com que o cliente sinta as boas emoções de ter seu problema resolvido.

Por Que Isso Funciona

O processo de quatro etapas faz realmente com que o cliente se sinta ouvido, compreendido, coloque a situação dele em palavras e fique aberto a mudanças e às suas sugestões.

Exercício: Pratique A Venda SPIN

Encontre um amigo e pergunte se você pode ajudá-lo com um desafio que ele tem na vida agora.

Você pode ser transparente ao dizer que faz um exercício deste livro.

Atenha-se ao roteiro, ouvindo a Situação, o Problema e as Implicações. Apenas na parte de Necessidade você poderá oferecer soluções. E lembre-se de pedir permissão para oferecer uma solução!

CAPÍTULO 27

Brainstorming com "Sim, e..." ***Encontre Melhores Ideias com Positividade***

Eu uso "Sim, e ..." quase todos os dias porque funciona muito bem.

Isso Não Vai Funcionar Porque...

Você já participou de um *brainstorm* com alguém cujas respostas às suas ideias começaram sempre com "isso não funcionará porque..."? Você acha que o objetivo dessa pessoa talvez fosse só colocar um furo em todas as suas ideias?

Quando alguém introduz *feedback* negativo nas sessões de *Brainstorming*, bloqueia a criatividade e as pessoas podem parar de oferecer boas ideias porque têm medo de ser bloqueadas.

Como "Sim, e..." Funciona

Ao fazer um *Brainstorming* com alguém ou em grupo, apenas vá jogando ideias. O objetivo é simplesmente gerá-las para depois peneirá-las e encontrar as melhores.

Se você mantiver a sessão positiva, mais ideias serão lançadas para consideração. Participantes tímidos podem se sentir seguros e apoiados para, quem sabe, oferecer a ideia vencedora.

Aqui está um diálogo de "Sim, e ..." em ação:

> Gerente: "Equipe, precisamos de ideias para que os funcionários cheguem ao trabalho mais cedo e saiam mais tarde. Quais são as suas?"

> Mary: "Poderíamos dizer a eles que conseguirão uma vaga na primeira fila do estacionamento se chegarem mais cedo."
>
> Bob: "Sim, e poderíamos dar café da manhã grátis na cafeteria para quem chegar antes das 8h."
>
> John: "Sim, e poderíamos dar manicures grátis depois das 20h."
>
> Sal: "Sim, e para brincar com a ideia das 20 horas de John, poderíamos oferecer jantar grátis depois das 20 horas, se você também viesse tomar café da manhã grátis".
>
> *Alice*: "Sim, e para a ideia da vaga de Mary, poderíamos adicionar lavagens de carros gratuitas a qualquer pessoa estacionada na primeira fila".
>
> Gerente: "Ok. Portanto, as duas ideias que temos são: (1) lavagem de carro gratuita para quem estacionou na primeira fila, então precisou chegar cedo para conseguir a vaga; e (2) café da manhã grátis antes das 8h e, se você tiver café da manhã grátis, se qualifica para o jantar grátis. Esses são bons incentivos... e criativos!"

Você acha que essas ideias teriam sido sugeridas se cada participante insultasse o outro e diminuísse suas ideias? Provavelmente não.

O *Brainstorming* pode ajudar a resolver o problema de um cliente. E, antes de tudo, exige criatividade, que só é possível em um ambiente positivo e seguro.

Você não precisa amar a ideia de todos. Você apenas diz "sim" e expõe a sua ideia.

"Sim" não significa que eu goste. Dá a entender. Mas não de fato.

Exercício: SIM E....

Da próxima vez em que participar de um *brainstorm* em grupo, identifique o pessimista que lança a negatividade no círculo. Observe como a criatividade morre. Negatividade é um veneno no *Brainstorming*.

Tente o “sim, e...” e divirta-se com isso!

SEÇÃO IV

Influenciando

CAPÍTULO 28

As Pessoas Compram pela Emoção...

E Justificam com Fatos

Um enorme agradecimento ao livro "*Selling 101*" de Zig Ziglar pela observação de que as pessoas compram pelas emoções e justificam com fatos. Nós somos seres humanos emotivos. Por mais que gostemos de nos orgulhar de nossa lógica, nossas decisões são na verdade uma combinação de lógica e emoções.

Emoções + Lógica = Movimento do Mercado de Ações

De 1994 a 2004, tive a sorte de ser o *timer* nº 1 do mercado de ações nos Estados Unidos. Isso basicamente significava que eu era realmente bom em detectar quebras no mercado.

Qual foi o segredo do meu sucesso? Entender que os humanos tomam decisões baseadas em uma combinação de lógica e emoções.

Veja como você detecta uma subida no mercado (meses antes de sua queda):

1. A mídia continua escrevendo sobre novos recordes.

2. Seus amigos se gabam de suas proezas de investimento.

3. Motoristas de táxi e Uber, equipe de garçons e cabeleireiros começam a dar conselhos de investimento.

4. Você se sente preocupado/excluído por não estar ganhando tanto dinheiro como todo mundo.

5. Você ouve falar de pessoas que investem em margem, que fazem empréstimos garantidos por hipotecas, que se aposentam cedo.

6. Arrogância. As pessoas falam de "uma nova economia", "um novo paradigma de mercado".

Arrogância + Medo de Perder = Alta de Mercado

É a arrogância que impede esses investidores no mercado de ações de vender quando todos os sinais apontam para que o façam.

É o medo de perder os ganhos que atrai novos investidores um pouco antes da quebra.

Agora que todos investiram com base em uma emoção ou outra, quem ainda tem dinheiro para impulsionar ainda mais o mercado? Ninguém. Todo o dinheiro para investir está dentro. E os investidores institucionais saíram meses ou anos antes.

Então vem a queda. Os arrogantes continuam arrogantes e investem, os investidores de última hora ficam paralisados e desorientados com o que está acontecendo e, quando a dor (outra emoção) fica grande demais para todos (e muito dinheiro foi perdido), todos jogam a toalha (medo + capitulação) e vendem.

E daí ocorre um grande declínio no mercado. E então os perdedores sentem vergonha e embaraço (outra emoção) e xingam o mercado de ações até que seu vizinho comece novamente a se gabar de seus ganhos no mercado de ações. Aí aparecem o ciúme e a inveja.

A História de fato se repete. Isso acontece toda vez e o ciclo se repete.

As pessoas realmente compram pela emoção e justificam com fatos.

Você pode usar esse mesmo conceito para vender seus produtos e serviços aos seus clientes.

Como Lucrar com as Pessoas que Compram pela Emoção e Justificam com Fatos

A dica profissional nº 9 de John Westman, "*Top 10 Best...*", oferece mais informações:

O cliente compra quando sente a necessidade
de comprar agora.

Lógica e fatos justificam essa ação. Para ajudar a sintonizar as emoções do cliente, você pode perguntar:

"Como isso faz você se sentir quando..."

"Como você se sentiria se..."

"Como sua vida seria melhor / mais fácil se você..."

"Você fica chateado quando..."

"Como seu chefe / colegas se sentem quando..."

"Como seria sua vida se..."

"Isso te frustra / te deixa com raiva quando..."

"Quão feliz / animado / aliviado você ficaria se..."

Combine emoção e lógica.

"A emoção faz com que os clientes em potencial ajam agora e a lógica lhes permite justificar a compra posteriormente."

Faça a seus clientes estas três perguntas:

1. Você pode ver como isso ajudará a economizar dinheiro (preencha seu benefício aqui)?

2. Você está interessado em economizar dinheiro?

3. Dadas as suas crenças, quando você acha que seria melhor começar a economizar dinheiro?

Exercício: Comprar pela Emoção + Justificar com Fatos

Dê três respostas para cada pergunta:

1. Que emoções você gostaria que seu cliente sentisse?

2. Como você pode ajudar seu cliente a experimentar esses sentimentos?

3. Que lógica você pode usar para justificar a decisão dele de comprar a sua solução, em vez de não fazer nada ou comprar a de um concorrente?

CAPÍTULO 29

Confiança Sincera e Entusiasmo

Compartilhando Emoções Contagiantes de Compra

Acredite em Si Mesmo

Aqui está a dica profissional nº 7 do livro de John Westman:

> Ofereça SOMENTE algo que você acredita sinceramente que servirá ao interesse dos clientes. A maioria das pessoas não pode fingir integridade. Seus clientes saberão se você realmente acredita que está os ajudando ou não.

Você tem que acreditar que sua ideia, produto ou serviço ajudará seu colega ou cliente. Se você não acredita no seu produto, comece a procurar outra ideia, produto ou serviço para representar.

Quando você acredita no seu produto, pode criar naturalmente um entusiasmo diário e contagiante.

Entusiasmo é a eletricidade da vida. Como conseguir isso? Você age com entusiasmo até criar um hábito. Entusiasmo é natural; é estar vivo, tomar a iniciativa, ver a importância do que você faz, dar dignidade a isso e tornar o que você faz importante para si e para os outros.

Gordon Parks

Nada de grande jamais foi alcançado sem entusiasmo.

Ralph Waldo Emerson

Quando o Entusiasmo Desaparecer, Encontre uma Nova Oportunidade

Alguns anos atrás, fui abordado por outro empresário para fazer parceria com ele em uma ideia de alimento funcional que eu havia criado quando morei na Europa. Se você combinar 200 miligramas de um aminoácido ativo do chá verde (l-teanina) com 50 miligramas de cafeína (cerca de 1 xícara de café), obtém hiperfoco por 3 horas.

Juntei esses dois ingredientes naturais com chocolate suíço escuro e fiz um chocolate hiperfoco dirigido ao mercado universitário, para vendê-lo durante o período das provas.

O produto se chamava *Volt Chocolate*, e meu parceiro Steve S. e eu estávamos MUITO entusiasmados.

Planejamos rodar por três campi na área de *Boston* para o nosso lançamento. Para minha surpresa, nos deparamos com muita resistência.

A Universidade de Brandeis baniu os produtos com cafeína no campus, exceto nas bebidas. O Babson College não nos queria porque a pessoa que aprovava tal tipo de produto era alérgica / hipersensível à cafeína.

Na mesma época, dois estudantes universitários morreram após ingerir um pó de cafeína que compraram pela Internet. Apenas 1 colher de sopa de cafeína causa parada cardíaca. A cafeína é incrivelmente potente em sua forma concentrada.

E descobri que a cafeína é tratada como uma substância controlada, e não pode ser transportada em um caminhão com outros alimentos por medo de contaminação. Foi um aborrecimento após o outro.

Quando todas as questões de segurança me chamaram a atenção, incluindo o fato de que você poderia comer uma dúzia de nossos pequenos chocolates e ter sérios problemas de saúde, meu entusiasmo diminuiu.

Percebi, sem querer, que poderia estar causando mais mal do que bem. E se uma criancinha se deparasse com os meus chocolates?

Depois que perdi meu entusiasmo, fechei a empresa, perdi meu investimento de US$ 50.000, perdi meu ano de trabalho duro e procurei outra oportunidade.

Fiquei feliz com minha decisão, porque sem orgulho nem entusiasmo, não teria vendido chocolate suficiente para fazer a empresa crescer. Independentemente disso, não posso ser afiliado a algo que possa causar danos.

Se você não está orgulhoso e entusiasmado, procure outra oportunidade.

Exercício: Confiança Sincera e Entusiasmo pelo seu Produto

Quais são as dez maneiras pelas quais acredito que meu produto e minha empresa podem servir de fato ao interesse de meus clientes? Liste-os e fique atento a eles.

Deixe seus clientes, atuais e futuros, saberem disso!

CAPÍTULO 30

Como Influenciar Pessoas

O Método CLASSY de Seis Etapas

Existem seis maneiras eficazes de influenciar as pessoas para ajudá-las. As pessoas normalmente resistem à mudança, mesmo que seja para seu próprio bem, e o uso das ferramentas de influência pode ajudar você a ajudá-las.

CLASSY

As seis ferramentas de influência estão descritas no livro de John Westman, dica extra nº 14. Você provavelmente perceberá que já foi influenciado por praticamente todos esses métodos em algum momento de sua vida. Quais são os seis princípios de influência que nos levam a mudar nosso comportamento?

C *Commitment and Consistency* (Compromisso e Consistência)

Se as pessoas se comprometem, oralmente ou por escrito, a uma ideia ou meta, é mais provável que honrem esse compromisso por firmarem tal ideia ou meta como congruentes com sua autoimagem.

> Anos atrás, realizei uma arrecadação de fundos para um político concorrendo ao governo de *Massachusetts*. Ele tinha voluntários nas ruas que preenchiam "moinhos de vento", que eram pequenos cartões postais onde os eleitores (meses antes da eleição) escreviam seu nome e marcavam uma opção declarando que apareceriam nas urnas e votariam para este candidato. Pensei que era uma ideia ridícula e um nome bobo para um cartão postal. Ele venceu aquela eleição e a seguinte. Funciona.

L *Liking* (Simpatia)

As pessoas são facilmente persuadidas por outras pessoas de quem gostam. As pessoas são mais propensas a comprar se gostam da pessoa que as atende.

Meu restaurante favorito perto de *Harvard* Square chama-se Life Alive. A um quarteirão de distância, fica o mesmo morador de rua quase todos os dias vendendo um jornal de rua chamado Street News por US$ 1. Não estou realmente interessado no jornal, mas esse cavalheiro tem o rosto mais gentil e o sorriso mais genuíno quando passo por ele. Ele nunca me pede para comprar o jornal. Ele apenas fica lá segurando e sorrindo para mim. Costumo dar-lhe 1 dólar e digo que venda meu jornal novamente para outra pessoa, para que ele possa ganhar 2 dólares. Só faço isso porque gosto do cara.

A *Authority* (Autoridade)

As pessoas tendem a obedecer a figuras de autoridade, mesmo que sejam solicitadas a realizar atos censuráveis.

Na aula de psicologia para calouros da Universidade de Nova York, vi um filme que se tornou famoso, documentando um experimento em que pessoas comuns sentavam-se em um painel de controle e administravam um choque elétrico a uma pessoa (ator) em outra sala. Uma figura de autoridade (via alto-falante) instruía a pessoa a administrar choques progressivamente mais fortes. A maioria das pessoas administrava os choques, apesar dos gritos de agonia da pessoa que os recebia. Apesar de o destinatário do choque ser um ator, o administrador do choque não sabia disso. As pessoas realmente ouvem figuras de autoridade. O efeito colateral estranho desse filme é que o público estudantil que assiste ao filme normalmente ri durante a exibição. Estranho, mas verdade.

S *Social Proof* (Prova Social)

As pessoas farão coisas ao ver que outras estão fazendo.

Quando você entra em um elevador, normalmente entra e se vira para encarar a porta durante a viagem (como todo mundo). Quando criança, assisti a um popular programa de TV chamado Candid Camera. Em um episódio, eles tinham um grupo de atores disfarçados em um elevador, todos de frente para a parte traseira do elevador (na direção oposta). Quando alguém entrava no elevador, na maioria das vezes, eles também viravam na direção oposta. Isso é chamado de "seguir o rebanho". Eu me pego agindo de maneira semelhante quando presumo que um grupo de estranhos sabe mais do que eu.

S *Scarcity* (Escassez)

A escassez percebida gerará demanda. Por exemplo, dizer que uma oferta está disponível por um "tempo limitado" incentiva as vendas. Fonte: "*Influência: A psicologia da persuasão*", de Robert Cialdini.

> Quando trabalhei em Wall Street, fiz uma campanha de mala direta oferecendo meus serviços de corretagem ao público. Virtualmente ninguém respondeu. Quando adicionei "P.S.: Responda no prazo de 5 dias após o recebimento desta carta para uma análise gratuita de investimento", minha taxa de resposta triplicou. Eu teria dado a análise de investimento no sexto, sétimo ou oitavo dia! A escassez funciona. Por quê? Porque as pessoas querem o que não podem ter.

Y *You Receive First* (Você Recebe Primeiro: Reciprocidade)

As pessoas tendem a retribuir um favor. A pessoa que recebe a amostra grátis ou um presente, em geral, é ensinada culturalmente que está em dívida ou ficou orientada positivamente para o doador.

> O *Trader Joe's*, uma mercearia no meu bairro, tem uma área onde eles distribuem amostras grátis de alimentos. Independentemente de quão boa ou ruim é a amostra, sempre faço questão de agradecer ao atendente que me deu a amostra e desejar-lhe um bom dia. Já que eles fizeram algo de bom para mim, quero fazer algo de bom para eles.

Quando você está ajudando seu cliente e ele é resistente a mudanças, experimente o *CLASSY*. Se você tem filhos, experimente o *CLASSY* com eles por diversão e veja o que acontece. Certifique-se de recompensá-los com algo que eles gostem por terem brincado com você!

CAPÍTULO 31

A Equação PERSUASÃO+1

10+ Perguntas para Ajudar os Clientes a Comprarem Agora

Imagine ter uma ferramenta que permita a você vender qualquer coisa a qualquer um sem fazer ideia alguma sobre o produto ou serviço que está vendendo. Esse é o poder da equação PERSUASÃO+1. Ela é mágica.

Como funciona? Você faz ao seu cliente certas perguntas que permitem a ele "vender a sim mesmo". Elas fazem todo o trabalho, e você simplesmente questiona e o ouve.

As 10+ Perguntas da PERSUASÃO+1

É imperativo que elas sejam feitas na ordem correta.

A ordem das perguntas permite ao cliente colocar em palavras sua situação, seu desafio, sua necessidade de mudar, sua visão da solução e como a vida seria melhor para ele se mudasse agora. Tudo o que você faz é ajudar a facilitar o processo.

1. **P**or Favor, Conte-me Sobre a Situação.

Apenas relaxe e ouça. Não interrompa. Deixe o cliente falar. As pessoas amam ser ouvidas.

2. **E**xatamente O que Não Está Funcionando para Você?

Ouça de novo. Aqui o cliente vai contar a você sobre o ponto problemático dele. É sobre isso que estará disposto a gastar dinheiro com você, se puder ajudá-lo.

3. Renda ou Outras Perdas: Quanto Acha que Está Perdendo Agora?

É importante buscar perdas tangíveis. Faça o cliente falar sobre o que está sendo perdido: vendas, funcionários, oportunidades. Pode ser necessário fazer um *brainstorm* com ele aqui. A perda vai instigar no seu cliente o desejo de mudar, porque ele vê os danos que estão sendo causados por sua situação atual.

4. Somando Tudo, Você Pode Quantificar Isso?

Faça com que o cliente calcule quanto dinheiro está sendo perdido, quantas vendas estão sendo perdidas, quantos funcionários estão saindo. Seja qual for a perda, ajude seu cliente a quantificá-la. Isso provocará nele a urgência de mudar agora.

5. Uma Imagem/FOTOGRAFIA: O Que Acontecerá se Esse Cenário Continuar?

Isso dará ao seu cliente a oportunidade de constatar que decidir não agir trará consequências negativas. Ponderar que a indecisão dele não vai parar o problema, e sim permitir que aumente, ajudará o cliente a ver que a procrastinação não é uma boa escolha.

6. Aproximadamente, Quão Melhor Está se Saindo / Performando a sua Concorrência?

Isso cria ciúme e inveja no seu cliente. Esse é outro incentivo para que ele adote mudanças, também acrescentando um prazo limite e urgência à necessidade de mudar.

7. Sabendo que Nós Dois Queremos uma Solução, Eu Poderia Descrever a Você uma Visão Atraente Do Futuro?

Agora é a sua vez de falar. Você tem informações suficientes sobre o problema para criar uma sugestão para que ele considere. Jogue uma ideia na mesa com o formato de *Brainstorming*. Peça ao seu cliente que tome sua ideia como um ponto de partida e que a aprimore.

Você pode pedir para que faça um DICE com a sua ideia. Que parte ele DIMINUIRIA ou AUMENTARIA? Que ideias ele CRIARIA para adicionar à sua visão atraente e o que ELIMINARIA?

Você pode fazer o DICE na forma de perguntas: "E se você diminuísse..." ou "Qual a sua opinião sobre diminuir..."

Esse nível de *Brainstorming* permite ao cliente criar sua própria visão do futuro. E, como foi ele que a criou, ele concordará com ela. Você estará simplesmente facilitando-a.

8. Ao Olhar para este Futuro, como Ele Seria e Como Você se Sentiria se Essas Perdas Parassem?

Essa pergunta permite que seu cliente comece a sentir as emoções positivas do que acontece quando as coisas começam a mudar para melhor. Isso cria esperança e energia positiva e o leva a avançar em direção à solução.

9. Orquestrando Esta Solução, Como Isso Vai Impactar sua Qualidade de Vida, Receitas ou Custos?

As três maneiras de agregar valor à vida de seus clientes são: aumentar sua qualidade de vida, aumentar sua receita e/ou diminuir seus custos. A pergunta 9 pede que eles ponham em palavras exatamente onde a solução está agregando valor. Isso também mostra onde aplicar suas soluções úteis com mais precisão e eficiência.

10. + 1: Como Você se Sentiria se Esta Solução Funcionasse? Posso Compartilhar com Você algumas Etapas Fáceis para Chegar Lá?

Observe como estamos perguntando sobre sentimentos. Lembre-se, as pessoas compram pela emoção e justificam com os fatos. Fazer uma pergunta sobre o quão bem o cliente se sentiria com uma solução vai criar uma abertura às suas sugestões. Agora é sua oportunidade de mostrar a ele os primeiros passos fáceis para implementar a solução. Se o seu cliente gostar delas, pergunte se ele deseja colocar essas sugestões em ação agora.

Os Três Componentes da Equação PERSUASÃO+1

O livro de John Westman divide a equação PERSUASÃO+1 em três componentes:

EXERCÍCIO: Equação PERSUASÃO+1

1. Etapa 1: Desapontado com o estado atual

2. Etapa 2: Visão atraente do futuro

3. Etapa 3: Entendendo os passos fáceis para alcançar tal visão

Depois de dominar as 10 perguntas, você pode tentar a versão mais simples em três etapas. Em uma conversa, usando suas próprias palavras, você pode perguntar ao seu cliente por que ele está insatisfeito hoje. Com base nessas informações, você pode sugerir uma visão atraente para o futuro. Se ele gostar, é possível sugerir alguns passos fáceis para chegar lá.

O modelo de três etapas é ótimo depois que você dominar as 10 perguntas que vão guiá-lo no começo desse processo.

Teste essa técnica com seus amigos. É incrível como funciona bem e facilita ainda mais o seu trabalho!

CAPÍTULO 32

Se Você Não Paga Muito, Não Presta Muita Atenção

O Poder do Preço

Tive a sorte de conhecer Jay Conrad Levinson, autor do livro "*Marketing de Guerrilha*", em um cruzeiro no Mediterrâneo há vários anos.

Ouvi esta frase de várias fontes, mas Jay foi o primeiro a me dizer: "Se você não paga muito, não presta muita atenção."

Ela me pareceu esquisita no começo, mas descobri que era verdade e a usei para desenvolver estratégias de preços e serviços para meus clientes.

Comprando Vinho

Assim que tive idade para comprar vinho em um restaurante, ainda ficava perdido quando o garçom me entregava a carta de vinhos. Eu não fazia ideia do sabor de nenhum deles. Eu decidi qual comprar deste modo:

> A garrafa mais barata custava cerca de US$ 12. Isso foi na década de 80 e o restaurante tinha preços médios. A garrafa de vinho mais cara custava mais de US$ 150. Eu não podia pagar US$ 150, então cortei esta.
>
> Presumi que o vinho de US$ 12 tinha um gosto ruim, já que o próximo preço era US$ 20 e a maioria dos vinhos ficava na faixa de US$ 30 a US$ 45.
>
> Conferi meu orçamento e calculei que podia pagar no máximo US$ 25 por uma garrafa. Era uma ocasião especial, então me excedi com uma garrafa de US$ 30. Na minha opinião, o vinho teria um bom sabor porque excedeu o meu orçamento.

Você já comprou algo desta maneira? Quanto mais caro, melhor deve ser?

Se É Muito Barato, Não Pode Ser Bom

Todos nós queremos um bom negócio. Quanto mais barato, melhor, certo? E se você precisasse de cirurgia cardíaca e tivesse três cirurgiões para escolher?

Cirurgião 1: Mayo Clinic US$ 250.000

Cirurgião 2: Hospital particular local US$ 100.000

Cirurgião 3: Clínica Valu-Health do Dr. Bob US$ 999,99

Qual você escolheria? Pessoalmente, se eu fosse à Clínica Mayo, eu acharia que sairia de lá como um jovem atleta olímpico e, se me operasse com o Cirurgião 3, presumiria que não sobreviveria ao procedimento.

Todas essas são suposições, não fatos. No entanto, é assim que seu cliente pensa também. Se você é muito barato, não terá valor percebido e poderá não conseguir o contrato / trabalho.

Conselho Grátis Não Tem Valor

Quando iniciei o *coaching* e a consultoria, os fiz de graça, apenas para praticar nos clientes. Ninguém ouviu.

Profissionais mais experientes me disseram que isso iria acontecer, e eu não os ouvi. Rapaz, eles estavam certos (ao que parece, também não ouvi os conselhos deles).

À medida que eu aumentava meus preços, mais pessoas me ligavam e meus negócios continuavam a crescer toda vez que eu aumentava meus preços.

Se Eles Não Reclamam, Você Não Está Cobrando o Suficiente

Lembra do meu amigo Peter e da conversa sobre preços durante nosso jantar? Um dos mentores de Peter na IBM sempre dizia: "Se os clientes não estão reclamando dos seus preços, você não está cobrando o suficiente."

Com base nesse conselho, dobrei o preço de um *workshop* de falar em público que estava ministrando em *Boston*. Os ingressos esgotaram. Fiquei chocado. Peter estava certo. O veterano estava certo.

Sua Autoestima e Preços

Descobri em mim e nos outros que existe um vínculo entre a minha autoestima e a forma como precifico produtos e serviços. Pessoas novas no negócio, que não confiam em suas habilidades, tendem a cobrar menos, e isso é comunicado ao cliente na forma de preços baixos e um baixo valor percebido.

Se sua autoestima for maior, você põe um valor maior em seu tempo, em seus produtos e serviços e em como pode ajudar.

Os preços devem refletir o VALOR PARA O CLIENTE, não como você se sente.

Como Definir Preços

Precificar é mais arte que ciência. Aqui estão as diretrizes que eu uso:

1. Observe o preço máximo e mínimo do setor e coloque o seu preço numa faixa acima do mínimo e abaixo do máximo, dependendo da situação.

2. Não dê desconto. Se esta porta se abrir, o cliente pode tentar abri-la ainda mais.

3. Em vez de descontar no preço, adicione mais valor. Se o cliente quiser um desconto, compartilhe com ele novamente quanto valor está recebendo. Você pode adicionar mais produtos ou mais serviços, mas não diminua seu preço. Isto ainda é uma forma de desconto, mas é percebida de maneira diferente de uma redução no preço.

Na minha experiência, quanto mais algo custa, mais é valorizado. Quando hesito em cobrar mais, geralmente isso tem mais a ver com minha autoestima do que com o valor do meu produto ou serviço. Estipule o preço com base no valor para o cliente, não para você mesmo.

Experimente e pergunte aos colegas o que pensam sobre preços na área de especialização deles!

CAPÍTULO 33

Venda Reversa

Virando a Mesa para o Lucro

A dica extra nº 11 do livro de John Westman explica bem o conceito.

Afaste o Cliente

A venda reversa empurra o cliente para longe da venda. Isso significa que você não precisa conseguir essa venda específica, mas também deixa claro que ficaria feliz em ajudar o cliente.

A venda reversa incentiva o cliente a reconsiderar a decisão de compra, ou até a de não comprar. O discurso de venda reversa inclui estas afirmações:

> "Parece que eu não tenho a solução certa para você neste momento."
>
> "Parece que você não está interessado no que eu posso oferecer."
>
> "Você não parece pronto para assumir um compromisso em um futuro próximo."
>
> "Acho que não posso fornecer o valor que você procura dentro do seu orçamento atual."

Essa abordagem pode fazer com que o cliente fique ainda mais interessado em suas ofertas. ("A Venda Reversa", sistema de David Sandler)

As Pessoas Querem o Que Não Podem Ter

Quando eu dirigia uma empresa de administração de finanças, no final dos anos 90, eu tinha um cliente em potencial chamado Walter S. Ele valia

US$ 40 milhões e era um homem simplesmente desagradável e infeliz.

Walter iniciou uma conta de US$ 3 milhões comigo e, em nosso primeiro ano, ganhei mais de 30% em um programa de investimentos da Berger Mutual Funds e mais de 90% em outro programa que administrei em Putnam.

No final do ano, Walter me ligou, gritando que eu deveria ter imaginado e ter colocado todo o dinheiro dele no programa Putnam, que ganhou 90%, enquanto a conta Berger havia "custado a ele" 60% por causa da minha estupidez.

Pedi desculpas a Walter, me ofereci para fechar sua conta imediatamente e disse que seria um favor para mim, porque eu tinha clientes em uma lista de espera para o programa Berger.

Walter inverteu sua posição em cerca de 3 segundos e manteve suas contas comigo.

Exercício: Venda Reversa

Escolha um cliente que você não goste, que não se importaria se ele levasse seus negócios para outro lugar, e tente a venda reversa com ele.

Você terá confiança na venda reversa desse cliente, porque ficaria feliz com qualquer um dos resultados.

Não se surpreenda ao ver a venda reversa funcionar e esse cliente recuar, ser mais agradável ou até mesmo comprar mais de você.

SEÇÃO V

Fechamento

CAPÍTULO 34

Solicitando a Ordem de Compra do Cliente

...Quando Você Não Quer

Pedir a ordem de compra do cliente sempre foi um desafio para mim. Por alguma razão, sinto que estou convidando alguém para o baile do colégio, com toda a ansiedade envolvida com esta situação.

O fato permanece o mesmo: você e eu estamos aqui para servir nossos clientes e ajudá-los a conseguir o que querem. Ao solicitar a ordem de compra, os aproximamos um pouco do objetivo deles.

A dica extra nº 1 de John Westman o ajudará nesta importante e delicada área do processo de vendas.

"Você Está Pronto para Seguir em Frente?"

Fechar uma compra é parte natural de uma conversa com o cliente, que se compromete a comprar e você se compromete a fornecer aquele produto que mais o ajudará. Na área profissional de vendas, trata-se menos de técnicas específicas de fechamento e mais de criar uma conexão atraente entre o que o cliente precisa e o que você oferece.

Para ajudar o cliente a se comprometer, você pode fazer uma versão da seguinte pergunta: "Você está pronto para seguir em frente?" Ou "Quais são as próximas etapas?"

A resposta a esta pergunta confirmará o compromisso do cliente com a compra ou revelará alguma objeção restante, permitindo que você a resolva.

Exercício: Perguntas para Ajudá-lo a Assumir o Compromisso ou "Fechar"

1. Quais são as outras 3 perguntas que podem confirmar um compromisso de compra?

2. Quais são as três objeções mais comuns que você encontra e quais são suas respostas a elas?

CAPÍTULO 35

Por Que Eles Devem Comprar de Você Agora

Como Encontrar a Resposta Adequada

Por que comprar o meu produto/serviço agora?

Aqui está a dica profissional nº 5 do livro de John Westman: em vez de gastar muito tempo tentando entender o que você, seus colegas e clientes querem dizer com "proposição de valor", responda a esta pergunta ao cliente: "Por que comprar o meu produto/serviço agora"?

O termo "proposição de valor" recebe diferentes definições de pessoas diferentes, portanto pode ser difícil criar uma proposição de valor que seja facilmente compreendida por outras pessoas.

Em Resumo

Os clientes compram quando seus motivos para comprar superam os motivos para adiar ou não comprar. Portanto, não se preocupe em criar proposições de valor, mas responda: "Por que você deve comprar de mim agora?"

Exercício: Por Que Comprar de Mim Agora?

1. Razão nº 1
2. Razão nº 2
3. Razão nº 3
4. Razão nº 4
5. Razão nº 5

CAPÍTULO 36

O Quanto Você está Perdendo Agora?

Criando Urgência

Peter Johnson, da Law Practice Consultants, em *Boston*, fez essa pergunta. Peter ensina advogados como vender melhor e como ajudar mais seus clientes.

Quanto Dinheiro e Quantos Clientes Você Está Perdendo Agora?

Segundo Peter, se você não está ganhando dinheiro e clientes, está perdendo dinheiro e clientes.

Pense nisso. Vivemos em um mundo predatório, com muita concorrência ao redor. Some a receita que recebe de clientes com os quais você não teve contato nos últimos 30 dias. E se você perdesse essa renda? Como se sentiria? Está na hora de pegar o telefone?

CAPÍTULO 37

O Poder do "Ainda"

Removendo Crenças Autolimitantes

A dica extra nº 13 de John Westman compartilha esse estado de espírito interessante.

Eles ainda não são clientes... mas serão.

Os representantes de vendas geralmente não telefonam para clientes fiéis dos seus concorrentes. Por exemplo, um representante de vendas da IBM pode dizer "eles são clientes da Dell" e não os visitar.

Essa atitude impede a construção de relacionamentos com clientes de alto valor. Nunca se sabe quando o cliente pode precisar de uma alternativa, portanto, considere como clientes todos aqueles que simplesmente não compraram o seu produto... ainda.

> Uma lição de um sábio professor de ginástica da escola primária. Havia uma criança da primeira série que estava se esforçando muito e com dificuldade para fazer uma flexão. A criança gritou de frustração: "Eu não posso fazer isso". O professor de ginástica sorriu e disse "AINDA".
>
> *Fonte: Anônimo*

CAPÍTULO 38

Não Significa Apenas "Não Desta Maneira"

Reformulação de Rejeição

Eu tenho medo de rejeição. Ela diminui minha autoestima, me faz sentir mal sobre mim mesmo e evoca lembranças de infância de todas as vezes que errei. Meu mecanismo para lidar com isso era "jogar pequeno", não arriscar tanto, evitando situações nas quais as pessoas poderiam me rejeitar... como vender. Você se identifica?

Mas e se você olhasse a palavra "não" sob uma luz diferente?

Quando você ouvir "não", agradeça a essa pessoa.

Em 1987, eu trabalhava em Wall Street como corretor *trainee* da L.F. Rothschild & Company. Eu tinha apenas 21 anos e estava empolgado por estar no centro do universo das finanças globais. Mal sabia eu que a quebra da Bolsa de outubro de 1987 estava tão próxima.

O maior comerciante de títulos municipais de Wall Street estava no meu escritório. O nome dele era Michael Lane e ele era meu amigo e mentor. Meu trabalho de iniciante, um *cold caller* (que telefona a clientes em potencial ainda sem contato com a empresa), pagava US$ 6,50 por hora e era difícil. Eu fazia 400 chamadas por dia, conectava 120 pessoas por dia e, em média, conseguia 10 *leads* (contatos que se interessavam pelo produto ou serviço) por dia.

A rejeição era horrível. Em média, mais de 100 pessoas por dia me diziam alguma versão de "NÃO!"

Às vezes, as pessoas eram legais, e a conversa fluía até por uma hora, o que me fazia sentir bem. Eles raramente se tornavam clientes, mas eu não me importava. Eles eram legais comigo e me ajudavam a evitar uma hora de "nãos" de outros estranhos no telefone.

Um dia foi particularmente difícil e eu estava sendo espancado ao telefone. Fiquei tão desanimado que quis desistir.

Eu me arrastei até o escritório de Michael com o rabo entre as pernas e pedi ajuda a ele.

"Michael, como posso lidar com essa rejeição? Eu me sinto horrível."

Este foi o conselho sábio de Michael Lane:

> Agradeça a eles! Agradeça a eles por dizerem "não" e não desperdiçarem o seu tempo. Você só quer encontrar pessoas que desejam suas ofertas. Se eles disserem "não", você recebe a dádiva do tempo necessário para encontrar alguém que queira a oferta. A pior coisa que alguém poderia fazer é conversar com você por horas, diversas vezes, só para não comprar. Eles desperdiçam seu tempo e limitam a sua renda. Chegue ao "não" o mais rápido possível, para poder ajudar as pessoas que dizem "sim".

Ouvir "Não" é um Presente de Feedback

Quando receber *feedback*, trate-o como um presente... aceite-o, desembrulhe-o, abra-o e agradeça a quem o deu (por favor, não o repasse para outra pessoa!).

Se alguém não tem intenção de comprar de você, é melhor ouvir "não" agora do que gastar tempo e energia em uma pessoa que não quer fazer negócios com você. É melhor você concluir isso mais cedo do que mais tarde.

Eu descobri que estava desperdiçando o tempo das pessoas na minha vida pessoal também.

Na questão de namoros, eu evitava magoar os sentimentos das pessoas (ou assim eu pensava). Sou sensível à rejeição e não queria magoar os sentimentos das pessoas, por isso não diria "Não, não estou interessado em namorar você".

Eu evitava a questão: "Estou ocupado hoje à noite, mas vamos tentar encontrar um tempo."

Minhas desculpas eram infinitas. Tudo porque eu não queria magoar os sentimentos delas.

Só anos depois percebi que estava causando mais dor ao iludir e amarrar aquelas pessoas. Em retrospectiva, se eu tivesse arrancado o Band-Aid rapidamente, em vez de um lento, demorado, desgastante e doloroso puxão, teria sido mais delicado.

Aprendi a dizer "não" gentil e diplomaticamente agora, mas digo de fato um "não".

Quando você ouvir um "não", agradeça à pessoa pelo presente de honestidade, pela coragem necessária para dizê-lo, por respeitar seu tempo e permitir que você se mova em direção às pessoas que querem a sua ajuda.

Como Dizer "Não" com "Sim e ..."

Seguindo o exemplo do namoro, você pode substituir "não" por "sim, e..."

Por exemplo: "Sim, eu entendo que você quer sair para um encontro e, no momento, não estou interessado em namorar".

"Não" é Apenas uma Palavra Antes de "Sim"

Vejamos a dica profissional nº 2 de John Westman:

Quando os clientes dizem "não...", estão na verdade dizendo "não... sei tudo, mas quero saber mais".

Fonte: Blog: Dicas do dia de Jack Falvey, adaptado

A *National Sales Executive Association* dos EUA informou que 80% das novas vendas são realizadas após o quinto contato com um cliente em potencial. Os instrutores de vendas farmacêuticas ensinam que uma mensagem deve ser repetida de sete a nove vezes para um médico antes que ele retenha a mensagem. A persistência compensa.

Caia sete vezes, levante-se oito.

Provérbio japonês

Nada no mundo pode substituir a persistência. Talento não o faz; nada é mais comum do que homens malsucedidos com talento. Genialidade não o faz; gênio não recompensado é quase um provérbio. Educação não o faz; o mundo está cheio de pessoas instruídas e sem teto. Persistência e determinação são onipotentes.

Calvin Coolidge

Nunca desista, nunca desista, nunca desista.

Winston Churchill

Como Responder Quando Ouvir "Não Desta Maneira"

Lembre-se de que você é um ajudante/facilitador, não um vendedor. Então, se você se oferecer para ajudar uma pessoa e ela disser: "Não desta maneira", como você deve reagir? Vamos ver um exemplo da vida real.

Alguns anos atrás, eu estava indo para um *workshop* no meio de *Massachusetts* e peguei o trem para a estação mais próxima de onde o *workshop* seria realizado. Era uma linda manhã de primavera e eu decidi caminhar uns 3 quilômetros da estação até o lugar do *workshop*.

Outro participante do *workshop* teve a mesma ideia e caminhamos juntos. Ela era de Cambridge, *Massachusetts*, e tinha cerca de 80 anos. Vamos chamá-la de Jane.

O início da manhã ainda estava frio, e havia placas de gelo no lado da estrada onde estávamos andando.

Eu deixei Jane seguir na minha frente para que eu pudesse pegá-la caso ela caísse. Jane era bastante instável. Jane pisou em um pedaço de gelo, eu a agarrei por trás e ela gritou: "Me largue!"

Aquilo me assustou e eu expliquei que estava apenas tentando ajudar. Jane respondeu: "Quero sua ajuda, mas NÃO DESSA MANEIRA."

Eu perguntei: "Como você quer que eu a ajude? De que maneira?" Jane me disse que ao tocá-la eu estava na verdade a empurrando e eu deveria só ficar por perto. Se ela de fato caísse, simplesmente eu a pegaria naquele momento.

Você pode fazer a mesma coisa! Estamos todos tentando ajudar uma Jane em nossas vidas.

Quando o seu cliente diz "Não" e você ouve "Não dessa maneira", você pode fazer uma série de perguntas com temas semelhantes:

"Como você quer que eu ajude? De que jeito?"

"Como posso ajudar?"

"Meu objetivo é ajudar. Qual a melhor maneira de fazer isso por você?"

"Eu ouvi você dizer 'não'. O que posso fazer para ajudá-lo a chegar ao 'sim'?"

"Como é o 'sim' para você? Talvez eu possa ajudá-lo a conseguir um."

Seu trabalho é ajudar da MANEIRA que seu cliente deseja ser ajudado. Peça a ele para guiá-lo.

Exercício: Confortável com a Palavra "Não"

1. Escreva sua mensagem principal de 3 maneiras diferentes.

2. Quem você está tentando convencer?

3. Quantas vezes você foi rejeitado por essa pessoa?

4. Receba de 4 a 9 rejeições de um cliente em potencial. Esta é sua melhor chance de conseguir um "sim"!

CAPÍTULO 39

Desenvolvendo um Plano B

Como um BATNA Pode Ajudar

Às vezes, você não consegue sua primeira escolha.

A dica extra nº 10 John Westman descreve um BATNA:

BATNA = "***B**est **A**lternative **T**o a **N**egotiated **A**greement*"[5]

BATNA é um conceito popularizado por especialistas em negociações dos autores de "Como Chegar Ao Sim", Roger Fisher e William Ury.

Você precisa desenvolver suas alternativas em um contrato negociado para ter as melhores opções possíveis, se não conseguir concordar com seu cliente.

E considere os BATNAs de seu cliente, porque quanto mais você souber sobre as opções dele, mais pode descrever suas vantagens e avaliar o valor relativo que agrega a seu cliente[6].

Quando um BATNA Pode Trazer Paz de Espírito

> Alguns anos atrás, comprei uma bela cabana na floresta em Groton, *Massachusetts*. Meu pequeno pedaço do céu. Após 10 anos de felicidade nos finais de semana, as coisas mudaram e eu queria vender a propriedade. Era 2008 e o mercado imobiliário dos EUA havia quebrado.

5 N. da T.: também referido como MAPAN, melhor alternativa para um acordo negociado.

6 Fonte: Roger Fisher e William Ury, "Como Chegar Ao Sim", Penguin, Middlesex, Reino Unido, 1981.

> Não se encontravam compradores. Eu queria iniciar um novo negócio e pensei que me mudar para *Boston* me daria a força e a vibração necessárias para me energizar. Eu simplesmente não conseguia me motivar na minha cabana serena de fim de semana.
>
> O lucro da venda em Groton financiaria a nova casa em *Boston*. Bem, o plano A não estava acontecendo.
>
> Meu BATNA, meu plano B, no fim das contas funcionou melhor. Meu BATNA foi alugar a propriedade Groton para um inquilino e depois alugar um lugar em *Boston* para mim. O aluguel de Groton era maior do que o de *Boston*, então, na verdade, obtive lucro.
>
> O mercado se recuperou quatro anos depois e eu vendi a propriedade em Groton. A bênção disso tudo é que descobri que *Boston* era barulhenta demais para mim. Felizmente, eu apenas alugava um imóvel lá! Agora moro em *Brookline*, *Massachusetts*, que é mais adequado.

Meu BATNA me trouxe paz de espírito. Consegui iniciar meu negócio sem precisar esperar quatro anos por uma recuperação do mercado.

Embora você possa trabalhar o seu BATNA como uma alternativa, pense que, em uma futura retrospectiva, ele talvez se mostre como de fato a melhor opção para você.

Exercício: Crie seu Próprio BATNA

Dê uma olhada na tabela abaixo e crie uma série de BATNAs para algo que você espera que dê certo, mas que talvez não dê. Qual é o seu plano B? Ter um plano B ajuda a negociar com mais energia, porque lhe dá a confiança de ter opções. Além disso, crie um BATNA para o lado oposto para obter palpites melhores sobre o que ele pode querer fazer.

EXERCÍCIO: BATNAs Para o Meu Objetivo

1. Meu resultado desejado para o BATNA nº 1

2. Meu resultado desejado para o BATNA nº 2

3. Meu resultado desejado para o BATNA nº 3

4. O resultado desejado DELES. O BATNA nº 1 deles

5. O resultado desejado DELES. O BATNA nº 2 deles

6. O resultado desejado DELES. O BATNA nº 3 deles

Dos BATNAs que você listou, qual deles intuitivamente parece certo? Visualize esse BATNA se tornando realidade. Você pode viver com isso?

CAPÍTULO 40

Entrevistas na Vida Real

Conheça Histórias Reais de Sucesso

Entrevistei dois de meus clientes, os quais ajudei com o *coaching* de discurso de vendas e nas apresentações.

Steve Fox, Proprietário da Fort Point Project Management

Steve está sempre se aprimorando, e o que eu admiro nele é seu esforço constante para garantir que sua equipe esteja feliz. Aqui estão as respostas dele para as minhas perguntas:

O que você pensa quando ouve a palavra "vender"?

> Tenho a visão de um vendedor de porta em porta e de carros... uma experiência forçada e com roteiros... uma falta de sinceridade.

O que você vende? O que você acha que vende em particular?

> Ajudamos os clientes a executar projetos de design e construção.
>
> Eu vendo serviço... experiência e consultoria... somos consultores. Sim, vendemos nossa experiência. Estou feliz com nosso trabalho por mais de 17 anos. Tenho orgulho.

Do que você não gosta sobre vendas?

> Não desgosto de vender. Eu vendo para aqueles que precisam de nós. Reconheço que competimos e estou O.K. com a competição. A competição é um fato da vida.

Como você evita a conversa exagerada de "vendedor"?

> Tento me concentrar no desafio do cliente. Como podemos ajudar? Eu me concentro em ajudar. Os clientes podem ser melhores que eu em seu próprio projeto, mas não têm tempo. Eu aumento o intervalo de tempo. As coisas devem ser delegadas. Eu me concentro em vender minha ESPECIALIDADE e MEU TEMPO.

Como você supera sentimentos negativos sobre a venda (medo, procrastinação, etc)?

> Eu nunca temi isso. Com mais de 25 anos de experiência, conheço o assunto. Estou confortável com os detalhes.

Que atitude você adota para ajudá-lo a vender?

> Eu tento não ficar nervoso nem medroso. Nervosismo é "excitação desenfreada". Nunca me sinto com medo. Esta é uma oportunidade para servir. Eu me importo. Já fiz toda a minha pesquisa... faço a minha lição de casa.

O que você diz para ajudar um funcionário que é resistente à venda?

> Somos todos soldados da linha de frente. Eu não quero forçar as pessoas. Você tem a oportunidade de ajudar um cliente em potencial... se concentre nisso.

Marc Margulies, Proprietário da Margulies Perruzzi Architects

Marc tem um carisma interessante. Ele é gentil com os outros, competente e incrivelmente diplomático em sua escolha de palavras, e não é dito que ele trabalha com um padrão mais alto de clientes (como você também deveria). Aqui estão as respostas às minhas perguntas:

O que você pensa quando ouve a palavra "vender"?

Lembro-me da noção de "se você faz um bom trabalho, o trabalho deve vender-se". Os clientes devem vir até nós... Lembro-me de pensamentos de "vender é bajular... antiético". Vender é uma transação... na MPA, temos relacionamentos.

O que você vende? O que você acha que vende em particular?

Existe a percepção pública de que vendemos serviços de arquitetura. Para nossos clientes sofisticados, vendemos criatividade e inovação. Ficamos claros em suas necessidades.

Do que você não gosta em vender?

Afasta-me do meu amado tempo para projetar. É um mal necessário... um impedimento. Uma distração do que eu gosto de fazer.

Como você evita a conversa exagerada de "vendedor"?

Eu me preocupo de fato com o cliente. É difícil ser sincero quando preciso do dinheiro. Eu não sou atraído por certas indústrias. Por exemplo, não vou construir prisões, mas vou construir hospitais, porque gosto de médicos. Quero me concentrar em setores que ajudam os outros. Eu me concentro em ajudar. Vender é uma maneira de entender e conhecer melhor meus clientes. Estou oferecendo um benefício e quero ajudar. Eu gosto de ter orgulho do meu trabalho. Se eu puder ajudar meus clientes a serem bem-sucedidos, posso ter mais oportunidades de me orgulhar.

Como você supera sentimentos negativos sobre a venda (medo, procrastinação, etc)?

Se você gosta de design, deve vender. Deve se importar. Há uma enorme pressão para vender e manter suas portas abertas. Tenho desejo de ter sucesso e medo de fracassar.

Que atitude você adota para ajudá-lo a vender?

Eu me coloco no lugar do cliente. O que motiva meu cliente? Em que posso contribuir e que será útil para ele? Esta é uma oportunidade para trabalhar em um projeto. Há também uma gratificação para o ego. Gosto de ver um dos meus projetos enquanto dirijo na estrada. Você deve vender para chegar ao próximo passo.

O que você diz para ajudar um funcionário que é resistente à venda?

Nós não usamos essa palavra. Na realidade, somos todos vendedores. Encorajo os funcionários a serem gentis... temos que convencer nossos clientes. O processo de convencimento é chamado de venda... as habilidades para convencer são universais.

CAPÍTULO 41

Uma Revisão Rápida deste Livro

Itens a Serem Lembrados

Não Tente Vender Nada

As pessoas podem farejar um trabalho de vendas. Você não gosta de fazer isso, e elas não gostam de ouvir. Eu lhe dou permissão para não vender.

Adote a Mentalidade de Ajudar seu Cliente

Tente ajudar seu cliente. Assuma a atitude de que ele tem um problema que lhe causa dor e você tem a oportunidade de ajudá-lo. Adote essa mentalidade, tente descobrir qual é o problema e como você pode ajudar.

Faça Muitas Perguntas para Entender seu Desafio

A maioria das pessoas fala demais. Faça-as falar. Pergunte sobre o problema delas. Eles vão amar a atenção. Aprofunde-se, investigue mais sobre o problema e entenda-o sob diferentes ângulos.

Faça Perguntas para Entender como é o Sucesso para Eles

Existem diferentes tipos de soluções. Antes de oferecer uma que seu cliente possa não gostar, pergunte como ele enxerga uma solução de sucesso. Isso lhe dará uma pista de onde ir.

Peça Permissão para Oferecer Soluções

Depois de achar que entendeu o problema e se tiver uma boa solução que se encaixe, simplesmente diga:

> "Posso oferecer uma sugestão para sua consideração?"

Se ele disser "sim", comece ajudando com ideias!

Convide seu Cliente para Começar a Usar a Solução Agora

Depois de descobrir a solução e chegar a hora de solicitar a ordem de compra, basta perguntar:

> "Você gostaria de começar a implementar a sua solução?"

Obrigado pela leitura... Espero ter ajudado você a subir mais um degrau no negócio de ajudar pessoas.

Michael McCarthy
Instrutor
Desenvolvimento Profissional de Harvard

ESTE LIVRO FOI COMPOSTO EM AGENCY FB E GEORGIA
PARA A LIVRARIA INSIGHT